拿破仑（1769—1821），法国军事家与政治家

拿破仑小传

拿破仑·波拿巴，出生于科西嘉岛，法国军事家与政治家，法兰西第一共和国第一执政，法兰西第一帝国及百日王朝的皇帝。其统治下的法国，曾经占领过西欧和中欧的广大领土。

拿破仑是一名非常出色的军事家，他一生亲自参加的战争达到60多次，而其指挥的战斗，在军事史上有重要意义。他的征战打破了欧洲的权力均衡。在拿破仑战败后的维也纳会议上，新的欧洲秩序与均衡被重新建立起来。

作为一位政治家，拿破仑的影响也同样深远，于1804年颁布以他的名字为名的《拿破仑法典》是大陆法系的经典典范，也是1896年颁布的《德国民法典》的重要参考之一。

我要征服世界

拿破仑传

汤素兰 著

華文出版社
SINO-CULTURE PRESS

图书在版编目（CIP）数据

我要征服世界：拿破仑传 / 汤素兰著. —— 北京：华文出版社，2012.12（2013.8重印）
（可爱的“坏孩子”·世界伟人成长传记系列）
ISBN 978-7-5075-3906-6

Ⅰ. ①我… Ⅱ. ①汤… Ⅲ. ①拿破仑，B.（1769～1821）－传记 Ⅳ. ①K835.655.2

中国版本图书馆CIP数据核字（2012）第317208号

我要征服世界：拿破仑传

著　　者：汤素兰
出版策划：李红强
责任编辑：潘　婕
出版发行：华文出版社
社　　址：北京市西城区广外大街 305 号 8 区 2 号楼
邮政编码：100055
网　　址：http://www.hwcbs.com.cn
电　　话：总 编 室 010-58336239　发 行 部 010-58336212 58336238
　　　　　责任编辑 010-58336209
经　　销：新华书店
印　　刷：天津新科印刷有限公司
开　　本：710×1000　1/16
印　　张：10.75
字　　数：100 千字
插　　图：8 张
版　　次：2012 年 12 月第 1 版
印　　次：2013 年 8 月第 4 次印刷
标准书号：ISBN 978-7-5075-3906-6
定　　价：20.80 元

序

一个人的滑铁卢

拿破仑的生平全景是如此波澜壮阔，要在这样一本小小的传记中完全叙述清楚，几乎是不可能的。在书中，有关他最后的战役——滑铁卢之战，我仅是一笔就带过去了，关于他流放圣赫勒拿岛的6年，我也没有详细介绍。关于他的死也众说纷纭，现在越来越多的人相信他是被谋杀的。有关这一切的资料很多，同学们可以自己找来读一读。我在书中叙述的重点，是拿破仑奋斗的历程和心灵的蜕变。

拿破仑1769年出生于科西嘉岛，24岁时，因为土伦战役的成功，晋升为将军，30岁时，出任法兰西执政府第一执政，33岁时，成为终身执政，35岁时，加冕为法兰西帝国皇帝，45岁时，第一次被迫退位，46岁时东山再起，建立百日王朝。随即兵败滑铁卢，被流放到圣赫勒拿岛，6年后病逝。

他并不是从一开始就想到要成为皇帝的。拿破仑最初的理想是将科西嘉从法国解放出来,建立自由、独立的科西嘉王国。阴差阳错,他后来成为一位法兰西公民,为法兰西的荣誉出生入死。再后来,他才成为法兰西皇帝。

是时代造就了拿破仑,让他经历了26年辉煌的岁月。当时法国大革命推翻了波旁王朝的封建专制,建立了资产阶级的民主共和国。但是新兴的政权极不稳定,人民渴望一个强有力的人物掌握政权,给大家带来和平安定的生活。于是,拿破仑出现了,以赫赫战功当之无愧地成为了国家的主人。时势造就了英雄,英雄不失时机地把握和顺应了时势。

然而滑铁卢一役,拿破仑却没能正确把握好时机,这场战争下午3点以前法军仍然胜券在握,当天早晨拿破仑还自信满满地说:胜利的把握有百分之九十。到下午5点“滑铁卢”一词却成了最终失败的代名词。而且拿破仑一反从前的作风,变得优柔寡断,延误了战机,让惠灵顿的英荷联军和布吕歇尔的普鲁士军队得以会合,最终法军因为力量悬殊而败北。

在这次战役中,负责担任佯攻的是拿破仑的小弟弟热罗姆,这位御弟不听命令、自作主张,把佯攻变成了硬攻,拿破仑不得不分兵前去救援。佯攻不成,反而拖住了自己的兵力。这也是拿破仑和他的皇亲国戚们关系的缩影。他成为皇帝后,他的7个兄弟姐妹和他的养子欧仁·博阿尔内成为欧洲各地的国王、君主、总督,他们成事不足败事有余,加速了拿破仑帝国大厦的倾塌。

一百多年来,有许多人研究过拿破仑,对他有各种各样的评价。美国作家房龙说,拿破仑是一位“似火山一般,能量比上亿普通人的能量还要大、比拦路抢劫的强盗顾虑还要少的人”,是一位"比有记载的任何其他人对同类产生的影响都要大、比几十个普通政客在更短的时间里做出了更多事情的人",是一位"个人主义如此膨胀以至其雄心和自负需要整个星球为其充当陪衬的人"。英国历史学家韦尔斯认为:拿破仑是一个冒险家,一个破坏者,他一生的事业和人格在19世纪的历史中所占的分量太大了,"他是一种干扰,一种潜伏着的邪恶的提醒者,一种类似某些流行病细菌的东西"。

但是哲学家叔本华说,"拿破仑是人类意志最美的表征"。作家雨果说,"失败的拿破仑仿佛比立着的拿破仑还要更高大些。失败并没有使拿破仑暗淡无光,失败反而使失败者变得更加崇高了"。

童话作家安徒生的父亲是一名默默无闻的鞋匠,远在丹麦,和拿破仑八竿子也打不着,他却是拿破仑狂热的崇拜者,并且最终追随拿破仑的脚步,葬送了自己的性命,让安徒生从小就失去了父亲。

在君权神授、爵位世袭的欧洲,普通人是没有加官进爵、出人头地的机会的。拿破仑横扫欧洲的征战,给欧洲各国传播了自由民主的思想火种,同时也以自己个人的奋斗历程,向当时的人们证明了一个科西嘉岛民也可以建立丰功伟绩。于是,这个在贫困潦倒中挣扎的丹麦鞋匠也幻想通过当兵去取得荣誉和地位。只可惜这个鞋匠的运气不好,当兵不久就得了病,并且一病不起,最终的结果是丢了性命,还背负一身债务。

德国音乐家贝多芬和拿破仑是同时代人,他的音乐也具有震撼世界的力量。当拿破仑征战欧洲、节节胜利的时候,兴奋不已的贝多芬创作了激动人心的《第三交响曲——英雄交响曲》

献给拿破仑。但是,一年以后,当贝多芬听说拿破仑在巴黎登基做了皇帝的时候,贝多芬撕去了这首交响曲第一页的献词,愤怒地说:“什么?他不再是一个普通人了吗?他现在也要开始践踏人权肆意妄为了!他希望居于万民之上,成为一个暴君!”

我们还是听一听拿破仑的自述吧:“尽管有各种各样的毁谤,但我丝毫也不担心我的名声究竟会怎样。子孙后代将会替我做出公正的判断……我的飞黄腾达是无与伦比的……我参加和指导过的激战多达50余次,我几乎全部都打了胜仗。我主编并实施了一部以我的名字命名的法典,它使我扬名后代,永垂不朽。我白手起家,当上了世界上最强大的君主。我曾经把欧洲踩在我的脚下……事业和前程的大门是向有才能的人敞开的,而不论其出身或财产如何。”

拿破仑的征战给世界带来了灾难,同时也把法国大革命的自由、民主精神传播到了世界各地,给世界带来了变革。他从法国革命的拥护者最终蜕变到君主专制的皇帝,他注定失败,他也注定不朽。他的勤奋与努力,为博取荣誉舍生忘死的精神,超凡的勇气与必胜的信念,钢铁般的毅力与决心,所有这些品质,值得我们学习。

目　　录

第一章　荒野雄狮

在法国东南部的地中海中，有一个形状像鸡蛋的岛屿，它就是地中海的第四大岛科西嘉岛。科西嘉岛奇峰挺拔，岩石色彩绚丽，森林与流泉遍布岛上。科西嘉虽然在历史上先后被地中海的各路霸主迦太基人、罗马人、汪达尔人、比萨人和热那亚商业国统治过，但是岛上居民们的性格却从未改变。他们勇敢刚毅，桀骜不驯，将家族荣誉看得比生命还重要。

在科西嘉岛的西岸，有一座美丽的小城，名叫阿雅克肖。1769 年 8 月 15 日，一个头颅硕大的男孩降生在阿雅克肖一座四层的石头房子里，这就是拿破仑。

拿破仑是家里的第二个孩子，他的上面还有一个哥哥，名叫约瑟夫，与拿破仑相差一岁。事实上，在约瑟夫出生之前，他们的母亲拉蒂齐娅还生过两个孩子，不过都不幸夭折了。在拿破仑出生后的几年里，这个家庭又陆续添了三个儿子和三个女儿。拿破仑的父亲夏尔和母亲拉蒂齐娅看着一大群儿女在祖宗留下的老屋里天真地嬉闹,终日为他们的衣食操心,做梦也没有想到他们中间竟会有一个人将成为让整个欧洲战栗的大人物。

夏尔·波拿巴出身贵族,波拿巴家族最早是从意大利佛罗伦萨迁往科西嘉的,因此他们家族的血脉里既有佛罗伦萨美第奇家族狐狸般的狡猾,又有科西嘉岛民的坚毅强悍。夏尔是一位律师,同时也是科西嘉民族独立运动的领袖。拿破仑的母亲拉蒂齐娅也出身贵族,14 岁时就嫁给了夏尔,跟他一起出生入死,参加科西嘉民族独立运动。她虽然没有受过什么教育,但意志坚强,处变不惊,从小对拿破仑管教很严,在拿破仑成功之后,也反对他称帝,并且一直保持节俭的生活习惯。拿破仑 16 岁时,他的父亲夏尔·波拿巴就去世了,生活的重担全都落在母亲拉蒂齐娅的肩膀上,但这个坚强的女人挺过来了。甚至在拿破仑帝国灭亡之后,她又生活了 21 年,直到 86 岁高龄才去世。拿破仑曾说过:“我的母亲虽为女性,看似柔弱,但心胸头脑绝不亚于男子汉大丈夫。我之所以有今日,全是母亲的栽培。”也正是从母亲拉蒂齐娅的身上,拿破仑看到了一个母亲对于家庭甚至社会的重要。拿破仑还说过这样的名言:“推动世界的手是摇摇篮的手。一个家庭哪怕是家徒四壁,只要有一个正直、善良、勤劳、勇敢的母亲,这样的家庭就是人类心灵的圣殿和成长的源泉。”

科西嘉岛以前属热那亚商业国,18 世纪上半叶,岛民们在领袖保利的带领下,开展了轰轰烈烈的民族独立运动,成立了科西嘉独立政府。1768 年 5 月 15 日,热那亚同法国签订了一项秘密协议,把实际上已经不拥有的对科西嘉的"权利"出售给法国。于是,法国强大的远征军占领了科西嘉,岛民们在保利的领导下再次团结起来,展开了反抗法国入侵者的战斗。

拿破仑的爸爸夏尔·波拿巴原本是波利手下的一名副官,和保利一样,是科西嘉民族独立运动的领袖。拿破仑的母亲拉蒂齐娅挺着大肚子参加了科西嘉保卫战,拿破仑的大哥约瑟夫就降生在战火纷飞的战场上。但 1769 年春天,岛民们终因寡不敌众,顺从了法国人的统治,保利逃往英国,夏尔·波拿巴带着妻儿回到阿雅克肖城。

回到阿雅克肖城不久,头脑聪明灵活、懂得随机应变的夏尔·波拿巴很快就和岛上的法国总督和财政官建立了良好的关系,他得到了国王的赦免,加入了法国国籍,不顾岛上同胞的嘲笑成为了"顺民"。那年秋天,拿破仑出生了。

岛民们表面上虽然屈服了,但内心依然燃烧着民族独立的火苗,一旦时机成熟,这火苗就会熊熊燃烧起来。

民族英雄保利的故事,科西嘉岛民们争取民族独立、反击法国入侵者的故事,是拿破仑童年生活中最大的滋养,从这些故事中,拿破仑懂得了什么叫荣誉和勇敢。因为他的父亲和母亲都参加过保卫科西嘉的战斗,1767 年,拿破仑的一个叔叔还牺牲在战场上,叔叔的名字就叫拿破仑。正是为了纪念他,夏尔才为拿破仑取了和叔叔一模一样的名字,在意大利语中,拿破仑就是“荒野雄狮”的意思。

拿破仑从小就显得与众不同。拿破仑虽然不是老大,但在兄弟姐妹中最有权威。每当兄弟姐妹们在花园里或草地上做游戏的时候,玩什么游戏、游戏的规则,都得由他来确定,谁不服气,他冲上去又抓又咬,毫不留情。

妈妈拉蒂齐娅对孩子们要求很严,不准他们打架。但只要有拿破仑在,打架总是在所难免的。最倒霉的是他的哥哥约瑟夫。明明被拿破仑打得鼻青脸肿,一转身,拿破仑却又跑到妈妈跟前告状去了,说是约瑟夫打了他,他不得不自卫。结果每次挑起打斗的是拿破仑,而挨骂的总是约瑟夫。

拿破仑的占有欲特别强。有一次,他和哥哥约瑟夫在乱石嶙峋的岛上玩耍的时候,发现了一个山洞。拿破仑立即飞奔过去跑进山洞,宣布这个山洞是属于他的,叫作“拿破仑山洞”——“这是我的山洞,谁敢靠近,格杀勿论!”拿破仑挥舞着拳头说。

约瑟夫以为拿破仑只是说笑而已,他很好奇,想到山洞里看一看。约瑟夫走过去,对拿破仑说:“我进去看一看,只看一眼就出来!”拿破仑不让,约瑟夫偏要进去,拿破仑就像小牛犊一样朝约瑟夫撞过去，把约瑟夫撞倒在地。约瑟夫不甘示弱，爬起来和拿破仑厮打，结果，约瑟夫还没有站稳，"砰!"拿破仑一记结实的拳头又打在约瑟夫的鼻子上，打得约瑟夫顿时鲜血直流。

"我告诉妈妈去!"约瑟夫一边哭着，一边捂着受伤的鼻子往家里跑。拿破仑怕约瑟夫到母亲拉蒂齐娅面前去告状，赶紧撒开脚丫子往家里跑。拿破仑抢到约瑟夫之前跑到家里，慌慌张张地对拉蒂齐娅说：

"妈妈，你快去看看吧，可怜的约瑟夫刚才摔了一跤，把鼻子摔破了，流了好多血呢!"

拉蒂齐娅听了，立即跑到外面去看约瑟夫，果然看到约瑟满脸鲜血地回来了。拉蒂齐娅一边忙着给约瑟夫清理伤口，一边责备他：

"你还是大哥呢，到外面玩也不小心一点，摔得这么重，把你弟弟都吓坏了。好了，别哭了，你是男子汉呢，男子汉不要哭哭啼啼的好不好？你瞧你弟弟，他经常和别人打架，打得头破血流也不哭！……"

拉蒂齐娅说得没错。小时候的拿破仑最爱和人打架，经常打得头破血流，但他从来不哭。打赢了，他很高兴，打败了，过几天再寻找机会打，一直要打赢为止。

拿破仑性格孤僻，沉默寡言。找到那个隐秘的山洞后，他经常一个人来到这个孤零零的岩洞里，一待就是几小时。阳光明媚的上午或夕阳西下的时分，他常常斜靠在洞口的岩石上看书，或者长时间地凝视着地中海辽阔的海洋和蓝色的天空。谁也不知道他的小脑瓜里究竟在想些什么东西。

一天午餐时分,家里到处找不到拿破仑。

“拿破仑哪儿去了?”爸爸夏尔问。

“肯定躲在他的山洞里。”大哥约瑟夫说。

“你去把他叫回来。要吃午饭了。”

“我可不敢去。他说过谁靠近‘拿破仑山洞’,就‘格杀勿论’。”约瑟夫说。

于是夏尔只好自己出门去找拿破仑。这一次,拿破仑并没有在他常待的山洞里,而是站在悬崖边,正对着正午阳光下的海发呆。

“孩子,你在看什么呢?看得这样出神?”夏尔问拿破仑。

“我正在看海浪呢,”拿破仑说,“爸爸,我喜欢海浪,因为它蕴藏着的威力实在是太大了。瞧,它可以吞掉无数细小的沙粒,可以用它那柔软的唇吻碎坚硬的岩石。爸爸,我长大了要做海浪,把世界踏在脚下!”

夏尔被拿破仑的话惊呆了。如果不是自己亲耳听到,他简直不敢相信说出这话的会是一个7岁的孩子。

夏尔说:“是的,孩子,海浪确实了不起。看来你从它的身上能学到不少东西。”

“爸爸,我不仅从海浪的身上能学到东西,我从闪电的身上,从岩石的身上,从海燕的身上,都能学到东西呢……”拿破仑说。

从悬崖边回来后,夏尔·波拿巴满心欣喜,他悄悄对拉蒂齐娅说:“我们的儿子拿破仑的脑袋里装满了智慧,也许有一天，他真的能成为拯救世界的巨人，我们要好好地培养他，让这头荒野的狮子成为一头真正的雄狮……"

阅读思考

① 拿破仑为什么叫"拿破仑"？这个名字的含义是什么？你知道自己的名字的含义吗？

② 从哪些行为或语言可以看出拿破仑的脑袋里装满了智慧？

第二章　我要吃黑面包

7 岁时,拿破仑和约瑟夫一起在布里安俄上学。学校是法国政府开办的,学生有些是征服科西嘉岛的法国人的孩子,有些是当地科西嘉人的孩子。拿破仑非常不喜欢那些法国孩子,因为他们是征服者。拿破仑经常和他们争吵。

法国孩子们往往以征服者自居,嘲笑科西嘉人胆小如鼠。

拿破仑说:“我们科西嘉人是勇敢的!”

法国孩子们说:“勇敢个屁!如果你们科西嘉人真勇敢的话,怎么会被我们法国人打败,被我们法国人征服呢?”

拿破仑扬起自己的拳头,发誓说:“等我长大了,我一定把你们法国人赶出科西嘉!”

因为强烈的民族自尊心,拿破仑不仅不喜欢法国同学,也不喜欢法语。他在学校里拒绝学法语,拒绝说法语。可是,当时法语是官方语言,老师在上课的时候,经常要用法语提问,每当这个时候,拿破仑就拒绝回答问题。

下课以后，同学们都三五成群在操场里玩耍嬉戏，拿破仑从不跟别人玩，而是在操场中央用砖头围成一个圈，把自己圈起来。一旦有同学跳进圈子里，拿破仑就高呼着“赶走入侵者”把同学轰出圈子。拿破仑天天玩着这个“保卫领土，赶走入侵者”的游戏，乐此不疲。

拿破仑特别喜欢战争游戏，在家里也经常和兄弟姐妹一起玩，但是每一次他都必须扮演战争的胜利者，他从来都不当失败者。

有一次，一个六年级的法国贵族孩子在下课的时候和同学们聊天，他认为科西嘉岛上的人野蛮，缺乏教养。他的话恰巧被拿破仑听到了。拿破仑跑到六年级的那个孩子面前，大声说：

“请你为你自己刚才说过的话道歉！”拿破仑本来就个子矮小，而且刚上三年级，在那个六年级孩子面前矮了一大截。六年级的孩子对拿破仑不屑一顾，坚决不道歉。拿破仑一头抱住那个六年级的孩子，两人厮打起来。

上课铃响了。上课的铃声把两人分开了。三年级的拿破仑鼻青脸肿，六年级的孩子整洁的上衣也被撕破了。

下课铃响后，鼻青脸肿的拿破仑出现在六年级的教室门口，指着那个六年级孩子要求再一次决斗。

两人又是一场恶战。这一回，拿破仑不仅鼻青脸肿，身上的衣服也被撕破了。六年级的孩子脸上也挂了花。一直到上课的铃声响起，才把两人分开。

下课铃响后，鼻青脸肿的拿破仑又出现在六年级教室的门口。

两人又是一场恶战。一直到上课的铃声响起,才把两人分开。

然而,下课铃响后,拿破仑又准时出现在六年级的教室门口。

这一回,六年级的孩子招架不住了,他问拿破仑:“你究竟想怎么样才肯罢休?”

“我要你道歉!”拿破仑说。

“好吧,我道歉,我收回我刚才说过的话。”六年级的孩子说。

拿破仑说:“你早就该这样!”然后转身就走了。

拿破仑不仅倔强好胜,而且诡计多端。并且经常用他的小诡计对付哥哥约瑟夫。

有一次,拿破仑和约瑟夫一起到奶奶家里去玩,奶奶做了两个肉饼给他们吃。看到香喷喷的肉饼,拿破仑和约瑟夫都特别想吃。拿破仑对约瑟夫说:“这肉饼这么香,真是看着都流口水呀!你知道奶奶还有三个肉饼藏在哪里吗,就在厨房的碗柜里……”

约瑟夫不知道是计,听了拿破仑的话后,立即跑到厨房里去看。结果碗柜里空空的,哪里有什么肉饼。等约瑟夫明白过来的时候,拿破仑已经把两个肉饼都吃光了。

拿破仑整天沉迷于打斗的游戏,无心功课。约瑟夫则不一样,他勤奋好学,成绩特别优秀。

一天,又被拿破仑欺负过后,约瑟夫没有哭哭啼啼,而是

“这是我的山洞，谁敢靠近，格杀勿论！”拿破仑挥舞着拳头说。

名家名言

一个人应养成信赖自己的习惯，即使在最危机的时候，也要相信自己的勇敢与毅力。

名家名言

一切都是可以改变的，“不可能”只有庸人的词典里才有。

对拿破仑说：

“拿破仑，我考你一道数学题怎么样？”

拿破仑瞟了一下他的“手下败将”，轻蔑地说：“好啊，约瑟夫。”

约瑟夫把写好的一张纸交给了拿破仑。拿破仑拿起一看，傻了！啊，这是什么？我怎么看不明白？拿破仑的脸红了。

“怎么样，拿破仑，看来你只不过比我‘勇敢’罢了！”约瑟夫讽刺道。

拿破仑的自尊心被深深地刺伤了，他抡起拳头吼道：“我会算出来的，你等着吧！”

从此，拿破仑喜欢上了数学。他常常拿本数学作业到“拿破仑山洞”去做，往往一做就是几小时。拿破仑也从对数学的学习中获益匪浅。因为数学能训练人清晰的思路和正确的判断力，而这两点对于一个政治家和军事家来说都至关重要。

拿破仑从小立志要把故乡科西嘉从法国入侵者手中解放出来。因此，他的理想是当一个军人，他和兄弟姐妹们玩得最多的游戏是模拟各种各样的战争。他组织邻居的孩子们玩的也多是战争游戏。他经常把孩子们组织起来，分成两方作战，自己当元帅。他还常常主动担任兵力较弱一方的指挥，他不仅跟敌方较量体力与威猛，更喜欢较量智慧和计谋。他打起仗来总是一马当先，冲锋在前。拿破仑后来在自己的回忆录里曾说：“我成为元帅的历史，要从孩提时代讲起。”

当军人要能吃苦。当时军人普遍的食物是黑面包。这是一种粗劣的食品,干涩难咽。拿破仑家是贵族,虽然到夏尔·波拿巴时已经家道中落,但家里吃的都是白面包。为了让自己习惯于吃黑面包,拿破仑要求母亲拉蒂齐娅每天给他做黑面包吃。家里没有黑面包,他就拿白面包去和别人换。别人看到这个平时聪明机智的孩子现在居然做出用白面包换黑面包的傻事来,实在难以理解,却不知道他正在磨炼自己的意志,为自己的未来蓄积能量。

阅读思考

① 从本章可以看出拿破仑怎样的性格特点?

② 拿破仑为什么要用白面包去和别人换黑面包?

第三章　鼻子上的稻草

家境不富裕,这么多孩子的教育成了最让夏尔·波拿巴头痛的问题。聪明的夏尔于是想到了法国王室。他请驻科西嘉的法国总督给他写了一封推荐信,让他去凡尔赛宫找路易国王,请求国王给他赏赐,并允许他的孩子们进入免费的贵族学校读书。

1778 年 12 月 17 日,9 岁的拿破仑和哥哥约瑟夫跟着爸爸夏尔·波拿巴和舅舅费舍,登上了前往法国的海船。故乡科西嘉岛和岛上阿雅克肖城里那四层楼的石头老房子渐渐远去了,一同远去的,还有拿破仑短暂的童年时光。

拿破仑虽然渴望学习,但是,他很不喜欢爸爸夏尔的所作所为。他认为身为一个科西嘉人,却顺从法国,并且用法国人的钱去学习法语,是很没有志气的表现。所以,虽然他是第一次离开科西嘉岛到法国去,但他的心中没有丝毫的兴奋。站在船舷上,望着广阔的大海,飞翔的鸥鸟,拿破仑在心里暗暗发誓:“等着吧,科西嘉,我要为你复仇,把你从法国的魔爪下解放出来!”

到达法国后,夏尔几经周折,终于达到了目的。国王路易十六赏赐了他 2000 法郎,并且同意让约瑟夫和拿破仑留在法国读书。

“不,爸爸,我不留在这儿,我也不要在这儿读书,我要跟你回科西嘉去!”拿破仑说。

“你知道你将要去什么学校读书吗?是布里埃纳军事学校呀!你能在那儿学习到许多军事知识。如果你学习成绩优秀,你还能被保送进巴黎皇家军事学校,那可是专门培养全世界最好的军官的学校呀!你将来说不定能当将军呢!”夏尔说。

真是知子莫若父。夏尔知道拿破仑从小渴望当兵,渴望长大后能成为一个将军,带领军队把法国人赶走,把科西嘉从法国解放出来。

听说能去布里埃纳军校学习,拿破仑立即打消了回家的念头。

进入军校之前,还有严格的入学考试,考试必须用法语。于是,拿破仑用三个月时间突击学习他所憎恨的敌人的语言“法语”,居然奇迹般地通过了入学考试。

拿破仑的哥哥约瑟夫也顺利进入了奥顿神学院学习,准备将来当神父。

1779 年 4 月 21 日,约瑟夫和拿破仑与爸爸夏尔分手,到各自的学校去读书。这对这两个年仅 10 岁和 9 岁的孩子来说，不是一件容易的事情。想到自己将孤独一人生活在一群语言不通的陌生人中间，约瑟夫大哭起来：

“爸爸，我害怕，让我跟你回家吧！”

“不行，孩子，我们没有钱，你得留下来读书，你得学会照顾自己！”夏尔说。

夏尔把两个孩子搂进怀中，紧紧拥抱着，泪如泉涌。

泪水也在 9 岁的小拿破仑眼眶里滚动。拿破仑紧咬着嘴唇，仰起头看着高远的天空，决不让泪水掉下来。

一个身材矮小、沉默寡言、害羞孤独的男孩走在被高墙围绕的布里埃纳军校校园里，和他做伴的，只有比他更矮小的影子，还有道路两旁一行又一行高大的椴树。

拿破仑正式成为布里埃纳军校的学生，他穿着浅蓝色镶红色袖口的军装和深蓝色马裤，享有“国王赐予的全额奖学金”，和他一同入学的，还有另外 109 名法国少年。

他将在这儿孤独地待上六年。

拿破仑，又叫“拿波里昂尼”，在法语中，“拿波里昂尼”的读音类似“鼻子上的稻草”——一个多么可笑的名字！从入学的第一天起，飞扬跋扈的贵族少年们就拿他的名字取乐。

“总有一天，我会让你们法国人付出代价的！”拿破仑挥舞着他的小拳头，愤怒地说。但他蹩脚的法语夹杂着浓重的科西嘉口音，听上去不伦不类，贵族少爷们笑得更厉害了。

拿破仑暴跳如雷，他不顾一切地向嘲笑他的少年们冲去，结果被关了禁闭。但是惩罚对他不起任何作用，“这个家伙是由花岗岩做的，但里面藏着一座火山！”老师们摇头叹息说。

有一次,在校园僻静的一条小道上,拿破仑和经常嘲笑他的几个法国贵族少年狭路相逢。贵族少年又开始用拿破仑的名字取乐了:

“哈哈,前面走来的不是那个著名的‘鼻子上的稻草’吗?”

“逃避”两个字从来不会出现在拿破仑的字典里。他挺起胸,昂起头,迎着那帮家伙走过去,但他在心里盘算着:“这样的嘲笑该结束了!我今天要让这帮家伙得到教训……”

对方虽然有六七个人,但看上去是一个松散的阵营,为头的是一个高个儿的英俊少年。拿破仑径直朝那个高个儿少年走去,以迅雷不及掩耳之势将他打翻在地,不等对方还手,便骑在他身上一阵猛揍。

在拿破仑的拳脚之下,英俊的法国少年完全不顾贵族的尊严与体面,向拿破仑求饶,其他人也作鸟兽散。

这次打架之后,从此再也没有人敢拿拿破仑的名字取笑了。拿破仑也从这次打架事件中得出一个经验教训:对于松散的同盟,只要打击了他们头领,同盟就不攻自破。这条经验教训后来在拿破仑与反法同盟的多次会战中都起了作用。

拿破仑没有钱,什么东西也买不起,但是他称自己是高贵的贵族,比军校里其他所有的贵族都要高贵。“他们只有几个臭钱而已,我却有着崇高的贵族气质,我宁作鸡首,不为牛后!”拿破仑说。

他发愤读书。他深深地知道,他自己和军校的其他少年不同,他没有显赫的背景,没有富裕的家境,离开自己的努力,他在这个世界上将一无所获。他的理想是要回到科西嘉去,把科西嘉从法国的“奴役”中解放出来,为了取得成功,他需要充分利用军校提供的一切优越条件,只要能够最终成功,无论多么谦卑也在所不惜。

他的地理和数学非常优秀,他也热爱写作。他沉迷于古代史,如饥似渴地阅读希腊传记作家普鲁塔克的著作,对古代的亚历山大大帝、恺撒大帝、奥古斯都皇帝开创历史的故事非常着迷。

但是他的法语总是很糟糕。因为他从内心里憎恶这种“敌人的语言”。在往后的几十年里,他的法语一直说得结结巴巴,拼写错误百出。

拿破仑从不像其他贵族子弟一样热衷社交,他几乎从不外出,也不与人交往,学习是他唯一的乐趣。

军校校长伯东神父为了表示对年轻学子们的关心,轮流邀请学生与他共同进膳。轮到拿破仑受到这种恩典的这天,同桌有些教授知道拿破仑崇拜科西嘉的民族独立运动领袖保利,故意在言谈中流露出对保利的不敬,想激怒拿破仑。当着校长的面,拿破仑毫不胆怯地回答这些教授们:

“保利是个伟大的人,他爱国。我永远不能原谅我的父亲,当过保利的副官,竟会同意科西嘉并入法国,他应该与保利共命运,随同他倒下!”

拿破仑性格倔强,态度傲慢,不服管教。有一次,他因为不服管教受到教官的处罚,教官命令他脱下制服,换上一身褴褛的衣服,当着109名嘻嘻窃笑的同学跪在地上吃饭。拿破仑不从。“我要站着吃,先生,我决不下跪!”拿破仑抗议道,“在我家中,我们只对上帝下跪!”他顽强地站着。教官抡起教鞭,将他暴打一顿,打得他鼻青脸肿,浑身发抖,胃部因为紧张而痉挛,呕吐起来,但9岁的拿破仑始终没有下跪,也没有哭泣求饶。

在经历数次打架、受罚之后,拿破仑在同学中间树立了自己的威信,贵族子弟们很快便发现这个身材矮小、皮肤黝黑、口音奇怪的科西嘉人不是好惹的。他缜密而敏锐的思考、果决的判断力和灵活的指挥才能开始在同学们中间突显出来,使他理所当然地成为集体打架斗殴的头领。

1783年冬天,大雪纷飞,铺天盖地,道路封闭,积雪深达8英尺。拿破仑看着纷飞的大雪,为自己不能像平日那样一边在校园的大道上散步一边思考而深感无聊。同学们挤在一间宽敞的大厅里追逐游戏,玩得兴高采烈。拿破仑背着双手,站在一旁看着他们,他实在无法理解他们为什么能够在如此幼稚的游戏中得到乐趣。

突然,拿破仑灵机一动,想出了一个花招。他朝大厅里的同学们喊道:

“大家静一静,听我说!”

大家安静下来,都看着拿破仑,不知道这个小个子的科西嘉人究竟想要干什么。

拿破仑习惯性地踮踮脚尖,对大家说:“我们是军校的学生,我们的游戏应该符合我们的身份。我发明了一种新的游戏——战争游戏!我们在院子里扫出通道,建立角堡,挖掘壕沟,垒起胸墙,当工程完成后,我们将人马分为两股,以雪球为武器,由我指挥,一方进攻,一方防守!"

同学们立刻响应,冒着风雪冲进院子里,开始用积雪修筑工事。

工事完成后,按照拿破仑的部署,全部人马被分成两股,以雪球为武器,时而进攻,进而防守,投入了激烈的战斗。

这场模拟战斗一直持续了 15 天,通过这次战斗,小拿破仑成了学校里的英雄人物。

1784 年 7 月的一天,拿破仑走在校园里,突然听到有人用意大利语亲切地叫他"拿波里昂尼"。他回一头,原来爸爸夏尔、妹妹埃莉萨和弟弟吕西安。

他已经 5 年没有回科西嘉了,因为他没有钱回家度假,连暑假也是独自在学校的图书馆里度过的。5 年过去,弟弟妹妹长高了,但爸爸苍老了许多。夏尔身患胃癌,自知来日不多,这一次,他是专程来送埃莉萨和吕西安到法国来上学的,顺便看看拿破仑和约瑟夫。

这是拿破仑最后一

次见到父亲。几个月之后,夏尔就去世了。

1784 年 10 月 19 日,拿破仑以优异的成绩从布里埃纳军校毕业,和另外四名成绩优异的学生一起,被推荐到巴黎皇家军官学校继续深造。

巴黎皇家军官学校直属法国王室,拥有一流的教员和教学设施,拿破仑在这里如饥似渴地吸收各种知识,也就是在这里,拿破仑对炮兵学发生了浓厚的兴趣。

阅读思考

① 你对恺撒大帝、奥古斯都皇帝开创历史的故事了解多少?查阅相关资料,多了解一点吧!

② 拿破仑很聪明,只用了三个月时间突击学习法语就通过了入学考试,但为何此后的几十年,他的法语一直很糟糕?

第四章　剑鞘和利刃

“只有剑鞘属于法国，而利刃是属于我的。”第一次戴上佩剑，穿上绣有银色条纹的红色制服时，拿破仑这样想道。

走进巴黎皇家军官学校，拿破仑发现整所学校是那样的富丽堂皇，学生们过着极其奢华的生活。他们仆从成群，前呼后拥，还有马匹和马夫。拿破仑立即向校长递交了一份陈诉书，指出这种生活方式是有害的，不利于军官们日后适应艰苦的军营生活。他说从富裕的生活中是产生不了未来的战士的。他建议学校强制每个学员必须要自己洗衣服，自己打扫卫生，还应该让他们吃为士兵配制的粗面包。他还认为军营里应该戒酒，因为只有节制饮酒才会使军官们体格健壮，经得起四季寒暑，不怕战争疲劳。

他在信中这样写道：“学生生活奢侈，所需费用是一般家庭难以承担得起的。学生在校沉湎于此，毕业后如何能适应清淡的生活和疆场上的战争考验？所以建议校方严格禁止学生雇佣私人侍从，严禁学生设宴吃喝或身着华丽的服装。要让学生自理生活，吃粗劣的面包，这样方能造就体格健壮、作战勇敢之军官，令士兵尊重服从。”

在给校长讲这些道理的时候，拿破仑还不到16岁。以后的岁月将证明，拿破仑自己从来没有违背过这些原则，哪怕是在做了皇帝以后，他个人的生活也极为俭朴，尤其在战场上，他总是跟普通的士兵同吃同住。

拿破仑最初的理想是当海军军官，但是，如果要当海军军官，需要在皇家军官学校学习五年，而当陆军军官只需要学习三年。当时拿破仑的父亲夏尔已经因胃癌去世，家里的全部重担落在母亲拉蒂齐娅肩上。母亲希望拿破仑能尽早立业，帮助她挑起家庭的责任。于是拿破仑放弃了海军专业，改学了陆军炮兵专业。因为对于拿破仑来说，“母亲的声音不是来自喉咙里，而是圣灵的呼唤，我没有办法，也不会拒绝”。

在巴黎和在布里埃纳不同，拿破仑可以经常离开军校，到佩尔蒙夫人豪华的宅第里待上一两天。佩尔蒙夫人是拿破仑母亲拉蒂齐娅的同乡和朋友，她对拿破仑非常好，特意为他准备了一间漂亮的客房。

佩尔蒙夫人还有一个热情开朗的女儿，名叫劳拉，和拿破仑年龄相仿。

拿破仑9岁离开家，一直独自住在刻板的军营，缺乏父母的关爱和同伴的照顾。如今在佩尔蒙夫人的家里，15岁的少年拿破仑感受到了家庭的温暖。他紧张的神经稍稍得到了放松，他的表情不再寒气逼人。正值妙龄的劳拉让拿破仑懵懂的心有一种朦胧的冲动，他想接近她。但是，他的沉默寡言和反复无常的个性让劳拉觉得害怕。即使在他温文尔雅地微笑的时候，劳拉也能感到他骨子里的傲慢，感到他富有魅力的微笑后面深藏着一种不屑一顾的轻蔑。

劳拉不愿意和一个自己并不真正了解的人过于亲密。敏感的拿破仑感受到劳拉的冷淡，觉得自尊心受到了伤害，他到佩尔蒙夫人家去的次数越来越少，他又像在布里埃纳时那样，一门心思投入了学习中。拿破仑的老师、炮术主考官路易·蒙日这样评价拿破仑：

“沉默寡言、勤奋好学，学习是他心甘情愿的唯一乐趣，他乐于读好作者写的书，对于抽象的科学他能够运用自如，其数学和地理知识扎实。他安静而孤独，反复无常、目中无人，令人吃惊地以自我为本。在班上他积极地回答问题，在其他场合则具有巧妙快捷的应答才能。他最突出的特点是傲慢自大、雄心勃勃和抱负不凡。这个年轻人值得我们关注和帮助。”

在巴黎军官学校众多的课程中，拿破仑最喜欢的是数学、防御工事构筑以及炮术，对地理和历史也非常着迷。

1785 年 9 月 28 日，年仅 16 岁的拿破仑顺利通过毕业考试，提前毕业了。他在皇家军校的庭院里接受了炮兵少尉军官的军衔，11 月 6 日，他来到瓦朗斯的拉费尔炮兵团，这是他此生的第一个岗位，拿破仑·波拿巴的军事生涯从此开始了。

“我不知道还有什么比拉费尔炮兵团的军官制服更加漂

亮的东西了!”拿破仑骄傲地说,“我现在是军官了!”

拉费尔炮兵团实际上是整个法兰西军队的炮兵学校,能成为这个炮兵团的军官,拿破仑完全有骄傲的资本。如今他每年的军饷是920里弗尔,比他父亲临死前最后一个职务的年薪还要高。

但是拿破仑非常节俭。他把薪俸的大部分寄给妈妈拉蒂齐娅,补贴家用。因为父亲去世了,哥哥约瑟夫好吃懒做,16岁的拿破仑主动挑起了家庭的重担。

拿破仑在瓦朗斯一间咖啡屋的楼上租了一间很小的房子。当其他年轻军官周旋于上流社会的沙龙,或者在酒吧酗酒、在赌场号叫的时候,拿破仑在自己的小屋里埋头读书。在他的斗室里,灯火几乎彻夜不熄。

“我始终隐约感到时间在飞逝,我不能让任何一点时间白白流过。”拿破仑说。他很少有时间去看看兵团外面的世界。在此后的五年间,他头脑中日夜考虑的只有四件事:他炮兵军官的事业;一直困扰着他母亲和家庭的经济问题;他的继续学习和深造以及如何将故乡科西嘉从法国人的枷锁中解放出来。

十五六岁到20岁,正是一个人理想形成的最初阶段。他大量阅读各种书籍,阅读关于故乡科西嘉的研究报告,阅读伏尔泰、卢梭和柏拉图的著作。但他阅读得最多的还是关于世界历史的书籍,一个要创造历史的人,首先应该了解历史。波斯、雅典和斯巴达国家的变法、英国的历史、腓特烈大帝的远征、鞑靼人和土耳其人的国度和风俗、埃及和迦太基的历史、瑞典、中国和印度的历史、贵族的历史与罪过……凡此种种，他都读到了。同时，他对天文学、地理学和气象学、人类的延续与死亡的规律也很感兴趣。而且他对于自己的炮兵学专业知识也钻研得很深，他以扎实的数学计算为依据，研究如何降低军火库之间炮弹的运输费用，如何合理安排大炮的位置，如何改进弹道……他甚至还开始创作长篇小说和短篇故事！

他读书的时候，并不只是翻阅和浏览这些书，而是非常认真地阅读，仔细地写下读书笔记和心得体会，在这短短的几年间，他留下了几十本读书笔记。

在这些笔记中，最详细的是关于埃及和印度的记录。他在笔记中抄了这样一段话："至于埃及，位于两海之间，实际上是位于东西方之间，亚历山大大帝曾计划把他的世界帝国的首都定在埃及，以使埃及成为世界贸易的中心，这位最开明的征服者认为：应该把其所有的占领地统一到一个国家当中，而埃及就是最好的选择，它可以把亚洲、非洲和欧洲连接在一起。"30 年后，他还记得这话，因为他读的次数太多了。

他写了十几篇文章，论述皇权、人类的不平等、暴政和科西嘉的问题。他抗议法国在科西嘉实行的暴政。他写道："……暴政、压迫和不平等在全球弥漫，科西嘉的命运就是小国希望自由而临国想要压迫的最好的例子。我们应该粉碎法国的枷锁，就像我们过去粉碎热那亚的奴役一样！"

在狂热的爱国感情的激励下，拿破仑用想象力去统治世界。他斗室的墙上挂满了地图。他把地球上最偏僻的地方都绘到他的地图里。在一张科西嘉地图上,他精心画上很多点,表示应该在哪儿修炮台,在哪儿挖战壕,在哪儿驻兵,他深信,只要他有这个权力,他就能实现这一切。

在他周密思考科西嘉问题的同时,他的目光又射向了远方。他在世界地图上研究世界各地的战略要塞、咽喉和通道,在他认为至关重上的位置上,画上标志大炮的十字架。

为了充分利用时间读书和研究,拿破仑睡得越来越少,连换衣服和吃饭的时间也省下来了,他每星期只换一次衣服,有时候每天只吃一顿饭。

仿佛冥冥之中有一只命运的手在掌控着这个天才的巨人。在他几十本笔记的最后一页,他写下了这样一行字:

“圣赫勒拿,大西洋中的一个小岛,英国殖民地。”

他做梦也不会想到,几十年之后,他会成为圣赫勒拿岛的囚徒,大西洋中这座孤零零的小岛将是他的墓地。

阅读思考

① 拿破仑的理想是当海军军官,为何却选择陆军炮兵专业?

② 查阅资料,了解伏尔泰、卢梭和柏拉图。

第五章　逃离科西嘉

1789 年 7 月 14 日，法国爆发了大革命，巴黎人民攻占了封建专制的堡垒——巴士底狱，国王被迫让步，国王路易十六和王后玛丽·安托内特被送上了断头台。国家政权由国王转移到了国民议会手中，法国国内一片混乱。

面对这种混乱，年轻的拿破仑感到自己的时机来了。他说："对于稍有勇气和智慧的士兵而言，革命是理想的时光。"

这时，长期流亡在英国的保利回到了科西嘉，号召岛民们利用法国革命之机，将科西嘉从法国解放出来。

拿破仑感到科西嘉的时代来到了！1789 年 8 月，拿破仑申请回故乡科西嘉休假，事实上是和岛上的爱国志士一起，为争取科西嘉的自由和解放而积极活动。

哥哥约瑟夫也回到了科西嘉，和拿破仑共同战斗。

但是拿破仑和保利在政治上发生了严重分歧。此时的保利已经是一个 64 岁的老头子，在政治上变得谨小慎微。长期流亡英国,使他产生了对英国的依赖,他希望科西嘉脱离法国后,投靠英国。同时,他也反对法国大革命。年轻的拿破仑既认同法国大革命的平等、自由思想,又坚决反对科西嘉投靠英国。保利告诫拿破仑:“年轻人不应该企图创造历史!”他忘记了自己就曾创造过科西嘉的历史。拿破仑对保利的所作所为深感失望。他觉得今天他所面对的保利和自己童年时代崇拜的英雄保利完全是两个不同的人了。

在法国巴黎,保王党、雅各宾派、吉伦特派的斗争如火如荼,断头台上鲜血淋漓。小小的科西嘉岛也和法国巴黎一样,政治派别众多,政治斗争异常复杂。保利已经成了岛上的独裁者。为了赢得岛上国民自卫队司令官一职,拿破仑不得不四处演说,去争取选票。他四处拜访那些能对他有用的人,寻求每一个人的支持,甚至不择手段地派人殴打他的竞争对手。拿破仑心中燃烧着狂热的梦想,他的字典里没有“不可能”这个词。他像阿基米德一样,相信只要有一个支点,自己就能撬动地球。而这一个支点,拿破仑相信自己完全能够找到。

他如愿以偿:选举结束时,他被选为自卫队司令,中校军衔。

哥哥约瑟夫、弟弟吕西安现在都团结在拿破仑的周围,时刻听从他的差遣。拿破仑成了保利公开的敌人。

为了彻底打败保利,18 岁的吕西安给法国国民议会写了一封告密信,告发保利打算将科西嘉从法国独立,拱手送给英国人。

于是,巴黎派出正规军开进岛上,要逮捕保利。

岛民们再次被激怒了,他们拼死也要保护他们的老英雄保利。保利不失时机地利用岛民们的爱国情绪,想把自己的政敌拿破仑除掉。他煽动民众,要把科西嘉的叛徒——可耻的"法国人"拿破仑·波拿巴揪出来!

保利派人冲进阿雅克肖拿破仑的家,搜捕拿破仑。

幸亏有人通风报信,妈妈拉蒂齐娅带领孩子们半夜逃出家门,在山洞里躲了两天,才得以免遭灭门之灾。

法国政府也不失时机,使了一条反间计,正式授予拿破仑·波拿巴中校军衔。

科西嘉的岛民们宣布将"叛徒"拿破仑一家人驱逐出境。

科西嘉岛已经没有拿破仑和他的家人的容身之地了。他们必须在短短的几小时内离开科西嘉,前往法国。

23 岁的拿破仑站在甲板上,在 6 月的黄昏里,再次看着科西嘉岛渐渐离他远去。那里的每一条山脉,每一座海岬,

他都是那么熟悉。这儿曾是他的祖国,从他记事起,他就在心底发誓,要把它从法国人的奴役中解放出来。他把自己童年的梦想,少年的狂热和青年的抱负,都献给了它,然而现在,他却被它无情地抛弃了,接纳他的却是法国,命运是多么可笑!

船向西行驶,科西嘉岛消失在海天相连处,法国海岸越来越近了。海风吹拂,海浪拍打着船舷,站立在海天之间,拿破仑顿时感到了一种四海为家、无羁无绊的自由,内心里升腾起一种展翅高飞的渴望。

这是上帝对这位冒险家的馈赠,失去了小小的故国,他将拥有更加广阔的世界。

阅读思考

① 查阅资料,了解1789年的法国大革命。

② 科西嘉的岛民们为何把拿破仑一家人驱逐出境?

第六章　新星升起

法国接受了拿破仑一家,让他们作为“被迫害的爱国者”居住在马赛。他们从当地政府领取口粮,日子过得紧巴巴的。

为了全家人的生计,拿破仑说服哥哥约瑟夫经商。进入商界后,仪表堂堂的约瑟夫很快赢得了马赛一位绸缎商女儿的爱情,不久就结了婚。于是,全家的经济状况有了好转。

这个夏天,拿破仑一直在为自己的前途奔忙,但他的脑海中记着法国狭长海岸线中每一处适合安放炮台的位置,他的目光一直注视着外面的世界。法兰西现在四面受敌。比利时的殖民地已经丢掉了,西班牙人已经越过比利牛斯山脉闯入法国境内。英国的舰队入侵了法国的土伦港,共和国召集所有的男丁从军,土伦人民正在为将英国军队驱逐出土伦城而做准备。

在奔忙中,拿破仑也开始渴望有个家庭,好让自己奔波动荡的心有个安静停泊的港湾。

拿破仑爱上了哥哥的小姨子、美丽的德西蕾·克拉利小姐。他怀着炽热的感情给德西蕾写了第一封情书:

“亲爱的德西蕾:你的无限温柔和独有的真挚激起了我的爱慕,但是公务非常繁重,我也许不应该将这种感情在我心深处留下印痕。你的柔情,你的倩影已经赢得了你恋人的心……”

德西蕾像所有初涉爱河的女孩子一样,羞涩而腼腆地给这个狂热的追求者回信,吞吞吐吐地答应了他的爱情。

拿破仑却要求德西蕾给他一个明确的答复,希望德西蕾能尽快跟他结婚。

与此同时,拿破仑一直在寻找建功立业的机会。

有一天,拿破仑从阿威农押送火药,路经土伦,到驻守土伦的司令官家里做客。饭后,司令官陪同客人们在离海岸几英里的地方散步。司令官指着一门口径24厘米的榴弹炮,向客人们夸耀这门炮的威力。

拿破仑毫不客气地说:“摆放在这个位置,这门炮毫无用处,它根本打不到海上!”

司令官不相信,拿破仑当场放了四炮,结果证明这门炮根本打不到海上。司令官惊愕不已,连忙把拿破仑留下来,让他以一个炮兵专家的身份开始工作。

“我终于抓住了绳子的一头,抓紧它,不能放松!”拿破仑心想。

机会总是属于那些有所准备的人。在这儿,拿破仑从前所学的炮兵知识全部派上了用场。他分外珍惜这个机会,忘我地工作。他刚接手时,土伦港周围只有十多门破烂的野炮,一半以上不是没有弹药就是炮径不对。他把大炮从遥远的地方拖到海边,他的长斗篷和高筒靴上沾满了污泥,汗水浸湿了军服。但是他创造了奇迹,两个半月后,他已经聚集了一百多门重型大炮,还像变魔术一样,从四面八方弄来了下级炮兵军官、弹药、火炮和崭新的大炮炮筒,以及运送这些军用物资的 300 匹骡马。

拿破仑仔细研究了土伦港的地形,制订了详细的作战计划。为了迫使英国人尽快撤离海港,拿破仑计划首先打掉敌人位于内港入口处要塞上的炮兵阵地。一旦这个阵地被拿下来,拿破仑就可以掉转炮口,打击敌人停泊在港湾里的舰队。这样一来,法国只需很少的兵力,便可以迅速攻占土伦城。

12 月初,一切准备就绪,拿破仑新装备的 38 门大炮对准要塞上的敌军阵地,构成致命的交叉火力点。拿破仑一刻也不离开大炮,尽管天空大雨倾盆,他整天站在大炮旁,晚上就和战士一起睡在炮兵连。

12 月 17 日,总攻开始。这天晚上,电闪雷鸣,海风呼啸,大雨滂沱,黑暗和恐怖笼罩着整个战场。拿破仑身先士卒,冲锋陷阵,他的战马被炮弹击毙,他的小腿被弹片击伤,他仍然坚守岗位,指挥战斗。

18 日,法军收获了土伦城,三色旗在土伦港上空高高飘扬。

捷报立刻传遍了整个法国。许多人都不肯相信土伦这个被看作无法攻克的堡垒竟会被一个初出茅庐、默默无闻的青年军官收获。这次意外的胜利因而格外激动人心。因为这次胜利,拿破仑从一个普通的军官一夜之间成了风云人物。1793 年 12 月 22 日,他被破格提升为炮兵准将,年仅 24 岁。1794 年 2 月 6 日,拿破仑又被任命为意大利军团炮兵指挥。

在此期间,巴黎的热月党人战胜了罗伯斯比尔的雅各宾派,雅各宾政府垮台了,法兰西终于结束了国内的混乱与恐怖,建立了一个由五个国民公会成员组成的督政府。

雅各宾派的垮台也给拿破仑带来了麻烦,断送了他刚刚开始的崭新前程。拿破仑因为和罗伯斯比尔的弟弟——小罗伯斯比尔关系密切,被捕入狱。

拿破仑被囚禁在尼斯附近的卡雷堡。面对宁静的大海,拿破仑独自在狱中度过了他的 25 岁生日。回首往事,他的青春是由一系列的挫折构成的。他屡试屡败:一心想要解放科西嘉,却被科西嘉驱逐;满怀韬略、崭露头角收获土伦港后却一夜之间沦为阶下囚。他的未来生死未卜,或许明天就会被处死……

忠诚的部属想把他营救出去,让他逃走。他深受感动,但坚定地回绝了他们:

“感谢你们对我的深情厚谊。人们可以不公正地对待我。但只要我没有罪,这就足够了。我的良心是我的审判台,我的所作所为都要被带到它的面前,接受审判。但现在我的良心并没有感到不安。你们什么也别做,因为这样只能损坏我的公众形象。”

一周后,拿破仑获得了自由。

拿破仑虽然没有被送上断头台,但他的大好前程却中断了。当权者不再信任他。这段时间,他终日无所事事,穷困潦倒。对于一心想要有所作为的拿破仑来说,最大的痛苦莫过于任时光流逝而一事无成。拿破仑说:“什么是幸福？幸福就是我的才能的充分展现!”然而现在,在这个广阔的世界上,拿破仑却没有了用武之地!

在孤独痛苦中,拿破仑变得极其敏感,他想到了自杀。他说:人生如梦,无法企及,易于破碎。

拿破仑在孤独中度过了1794年艰难的冬天,接着,又度过了1795年更加艰难饥饿的春天。但是,他终于挺过来了,没有成为命运之神的俘虏,而是继续钻研政治问题和战略问题,为有朝一日大展宏图做准备。因为法国终究会需要他这样的人。

果然没多久,法国错综复杂的政治斗争又一次把拿破仑推上了巴黎的政治舞台,让他扮演了一个极其重要的角色。

热月党人战胜雅各宾派后,制定了一部宪法,将国家权力分为立法权和行政权。立法权赋予两院——元老院和五百人院,行政权则赋予由五位督政官组成的督政府。以前的国民公会在实行这部宪法后即行解散。热月党人为了保存自己的权力,又在这部宪法后补充了一项重要条款:五百人院和元老院中三分之二的成员必须从现任的国民公会成员中选出。这项补充条款立即引起了广泛的不满。保王党分子趁机活跃起来。

保王党人认为波旁王朝复辟的机会来了。他们在南部的马赛、里昂等地发动叛乱，拥立路易十六的弟弟普罗旺斯伯爵为路易十八。1795年9月下旬，法国中部地区开始出现动乱，在巴黎，叛乱犹如瘟疫一样迅速蔓延开来。

叛乱分子决定在10月5日，也就是共和历7月13日举行暴动。暴动分子在巴黎已经达到4万人，而忠于热月党人的国民公会兵力只有5000人左右。

在紧要关头，热月党的著名人物、督政官巴拉斯想到了拿破仑——这颗在土伦战役中升起的新星。巴拉斯派人把拿破仑找来，问他能否把叛乱镇压下去。拿破仑考虑了几分钟，回答道：

"只要谁也不干涉我的指挥权，我能做到！一旦我抽出剑来，只有大功告成，才会放刀入鞘！"

拿破仑受命于危难之际，但他思维缜密，临危不惧。他迅速部署了杜伊勒里宫的防卫工作。作为一个出色的炮兵，他首先想到的是大炮。但当时巴黎城里没有大炮。拿破仑了解到在西北郊区的一个营房里，闲置着四十门大炮。于是，他设想了一个用炮火猛攻叛乱队伍的计划。他立即派骑兵队队长缪拉带领200名步兵，连夜把大炮运到杜伊勒里宫周围。

第二天，装备良好的叛军向杜伊勒里宫进攻，战斗打响了。拿破仑用炮火迎接了他们。叛军完全没有料到拿破仑会使用大炮。他们被猛烈的炮火轰得措手不及,血肉横飞。战斗只持续了一个多小时就结束了,街上留下了 14000 具尸体。

事后,拿破仑在给哥哥约瑟夫的信中说:“敌人在杜伊勒里宫向我们发起攻击,我们把他们消灭了不少。他们打死了我们 30 个人,另有 60 个人受伤。……现在一切复归平静,同以往一样,我没有伤到一根毫毛。我真是太高兴了。”

巴拉斯和督政府的其他领导人非常钦佩拿破仑的勇敢和果断。正是由于勇敢和果断,拿破仑才前所未有地在城市中以大炮轰击暴乱分子。在拿破仑看来,既然要打仗,那就不管付出多大代价,即使血流成河,也要争取胜利。在今后的大小 60 余次战斗中,拿破仑无一例外地遵循着这个原则。他不喜欢白白浪费炮弹,但在能带来好处的地方,他是从来不吝啬的。在战斗中毫不留情,这也是拿破仑的一大特点。他曾自我解剖:“我是两个不同的人:有头脑的人和有良心的人。不要以为我没有像别人那样的多情善感的心。我是相当善良的。但是,我从很早的少年时代起,就尽力使这条心弦静止不动,不发出一点响声。”事实证明,在对付胆敢进行抵抗的敌人的时候,拿破仑的这条心弦是从来也没有发出过声音的。

由于拿破仑的功绩,督政府的宝座被保住了,法兰西第一共和国安然无恙。

7 月 13 日的战绩给拿破仑带来了丰厚的回报:他晋升为

少将，接替巴拉斯成为巴黎卫戍司令，同时，他也成为巴黎社交界的红人，成为法国贵妇们心目中的英雄，赢得了巴黎最美艳风流的寡妇约瑟芬的爱情。

阅读思考

① 法国大革命结束的标志是什么？

② 查阅资料了解热月党人。

23岁的拿破仑站在甲板上，在6月的黄昏里，再次看着科西嘉岛渐渐离他远去。

名家名言

人生之光荣，不在于永不失败，而在于能够屡扑屡起。

名家名言

不想当将军的士兵不是好士兵。

第七章　爱神之箭

拿破仑有了钱，有了仆人，有了马车。他的名字传遍了法兰西第一共和国，他到歌剧院看演出时，观众们朝他热烈欢呼："波拿巴！波拿巴！"

一切都像在变魔术。满是泥泞的靴子再也见不到了，因为他出门总是乘坐马车。他已经成为显贵的要人，以前八竿子也打不着的亲戚都跑来找他，和他的母亲、兄弟姐妹们拉关系，希望能靠拿破仑更近一些。

拿破仑小有成就，他的心在幸福地颤抖。作为一个科西嘉人，他有很重的家庭观念。他觉得自己应该结婚了。但是德西蕾小姐的态度依然不冷不热，让拿破仑捉摸不定。

巴黎的社交界却为拿破仑敞开了大门。在巴拉斯的沙龙里，他认识了许多美丽的贵妇人。其中一个名叫约瑟芬·德·博阿尔内的寡妇以美艳的容貌和高雅的举止深深地打动了拿破仑的心。拿破仑现在完全忘记了文静的德西蕾小姐,开始追求这个比自己大6岁的风流寡妇。

约瑟芬是法国人,但因为她父亲原是波旁王室龙骑兵的一位队长,在西印度的马提尼克拥有领地,1763年约瑟芬出生于马提尼克岛。这使她的美丽带有异国情调,显得与众不同,风情万种。1779年,约瑟芬同马提尼克总督的儿子博阿尔内子爵结婚,婚后不久便生下了儿子欧仁和女儿奥斯坦。在法国大革命的动荡岁月中,博阿尔内被控犯有"叛国罪",送上了断头台。约瑟芬因为丈夫的牵连也曾入狱。被释放后,约瑟芬凭借自己的美貌和娇媚,出入于巴黎上层人物的沙龙,寻求有权有势人物的保护,并且成了督政官巴拉斯的情人。

约瑟芬生活奢华,在法国政权更迭、动荡不安的年代里,她学会了怎样用她的妩媚去征服男人,寻求保护,维持自己奢华的生活。她对于自己女性的魅力,就像穷人对于手中的铜板一样,恨不得一个掰作两个用。

拿破仑本来就是一个性格沉郁、不善与人交往的人。女人对于他来说更是陌生。33岁的约瑟芬身上非凡的女性魅力,对于27岁、还没有真正接触过女人的拿破仑来说,具有强烈的吸引力。他的情感像火山一样爆发了。

他给约瑟芬写信,信中充满激情:

"我每天醒来脑海里只有你……甜蜜的无与伦比的约瑟芬哟,你对我有着多么神奇的作用啊!

"我在等你,我的心完全被你占据了。你的玉照和那个令人心醉的晚上使我的五脏六腑都不得安宁。甜蜜的、举世无双的约瑟芬,你是如此深深地攫取了我的心啊！你生我的气吗？你在伤心吗？你的内心很不平静吗？……当我投身爱的狂热之中,燃烧我的火焰去燃烧你的芳心、樱唇时,我不能安静下来了。啊,就是在这天夜里,我发觉你的玉照绝不可能代替你。再见！吻你一千次！但你可别吻我,因为那会使我热血沸腾的!"

约瑟芬是情场老手,懂得欲擒故纵的道理,她虽然接受了拿破仑的追求,但是依然保持和巴拉斯以及其他几个老情人的亲密关系,这让拿破仑妒火中烧。他更加狂热地追求约瑟芬,毫不顾忌她风流的名声和寡妇的身份,向她求婚。

这对于约瑟芬来说,真是天降的喜事。然而,拿破仑那狂热的、令人窒息的激情和疯狂的追求虽然让约瑟芬怦然心动,但拿破仑身上那种征服一切的威力和不可言说的力量让约瑟芬感到害怕,她犹豫不决。

自从7月13日拿破仑成功地帮助督政府解危后,拿破仑和巴拉斯的关系就十分密切,他几乎每天都去卢森堡宫看巴拉斯。但是,拿破仑的性格使他并不满足于巴黎的豪华生活,他也不习惯于在巴拉斯等督政官手下当一名驯服的助手,他心中熊熊燃烧着一种欲望,渴望做一番更加轰轰烈烈的事业。

他在给约瑟芬的信中,也袒露了自己的抱负:"这些执政官们以为,我需要他们的帮助才能取得成功,但我相信,有朝一日他们会为能得到我的恩泽而感到幸福,我将用我的剑为自己开道!"

拿破仑说到做到，不久之后，他就挥舞利剑，为自己开辟了一条辉煌的道路，使他达到了权力的巅峰。

法国革命动摇了欧洲封建君主们的世袭王国。欧洲各君主国组成了第一次反法联盟。为了解除外来的军事威胁，法兰西第一共和国督政府决定在1796年积极展开军事行动，主要进攻目标是实力雄厚的奥地利军队。为此，法国统帅部提出了一个钳形突击的作战方案，计划派出两路大军，分别由儒尔当将军和莫罗将军统率，在莱茵河一线展开，同时向东推进，矛头直指奥国首都维也纳。

正当法国军队准备北线作战的时候，作为巴黎卫戍司令的拿破仑提出了南线作战的计划，即首先歼灭奥地利和撒丁王国的联盟军，夺取意大利富庶的皮埃蒙特和伦巴第地区，然后再将奥军逐出整个意大利，将战场推向奥国本土。这样，既可以解除法国南部所受的威胁，又可以避开奥地利的主力军团，从南面迂回到奥国的首都维也纳。督政府批准了拿破仑的作战计划，1796年3月2日，拿破仑被任命为意大利军团总司令。

拿破仑即将告别巴黎，踏上新的征程。在出发之前，约瑟芬终于答应了拿破仑的求婚。

在巴黎一个行政区郡长的办公室里，约瑟芬身着白色的婚纱和三色饰带，和拿破仑正式登记结婚。在证婚文件上，约瑟芬的结婚年龄少写了4岁，而拿破仑为了和约瑟芬更相配，多写了1岁。约瑟芬除了一身债务之外，一无所有。而拿破仑风华正茂，前程似锦。

新婚之夜,美丽的约瑟芬斜靠在华丽的婚床上,年轻的拿破仑将军满怀爱意走向床榻,拥吻自己的新娘。突然从床上跳出一只漂亮的小狗,朝拿破仑又抓又咬,狂怒地吠叫。拿破仑被这突如其来的袭击吓了一跳,约瑟芬哈哈大笑。

“把这讨厌的东西赶出去!”拿破仑说。

“不行,它得和我们在一起,睡在同一张床上!”约瑟芬说。

是和这只小狗同床共眠,还是放弃和新婚妻子共度良宵?拿破仑面临选择。最终拿破仑屈服了。但小狗对拿破仑始终怀有敌意,在他的腿上制造了多处伤痕。

这只小狗的名字叫“命运”,是约瑟芬的宠物。在以后的岁月中,拿破仑一直试图把小狗赶出约瑟芬的卧室,但没有成功。他不得不在接受约瑟芬的同时,接受这只小狗。当他在世界各地南征北战时,给约瑟芬写了数不清的情书,在情书的末尾,他都得写上:吻你和你的小狗“命运”!大概这就是命运吧。

3 月 11 日,也就是拿破仑新婚后两天,拿破仑与约瑟芬告别,踏上新的征途,开始了他那惊天动地的人生历程。

当马车载着他离开巴黎的时候,他在想:“前方是我梦寐以求的攻略之地。身后是巴黎,约瑟芬的卧室挂满壁镜,光彩熠熠——这是快乐,我已拥有。前方,山那边,荣誉在召唤着我,我渴望获得。”

他再一次想起自己对幸福所下的定义——什么是幸福,就是我的才能的充分展现!

他马不停蹄。约瑟芬收到了他从 11 个宿营地发出的 11 封感情炽烈的情书。他在尼斯与他的部队会合,突击队将引导他翻越欧洲的分水岭——阿尔卑斯山。

阅读思考

① 拿破仑认为幸福是他的才能的充分展现,你认为幸福是什么?

② 查阅资料了解阿尔卑斯山。

第八章　以剑开路

拿破仑上任后的第一件事就是组织一个精明强干的司令部智囊团。他选定贝尔蒂埃当他的总参谋长。贝尔蒂埃42岁，早年是一位绘图员，曾以参谋身份参加过美国独立战争。他对阿尔卑斯山区了如指掌。他非常仔细，能准确无误地颁发命令，对部队调度非常在行，具有一个优秀的参谋长的一切素质。勇敢果断的拿破仑和仔细优柔的贝尔蒂埃是天生的搭档，对于拿破仑后来亲手导演的60余次战役、创造战争史上一个又一个奇迹起到了举足轻重的作用。除了贝尔蒂埃之外，拿破仑又选了2名副官，他们是在土伦战役中被选拔出来的青年炮兵军官马尔蒙上尉和朱诺上尉。另外，他还把在7月13日平定叛乱时帮助过他的骑兵队队长缪拉和小弟弟路易也带在身边。

3月27日，拿破仑到达意大利军团驻地尼斯，在这里建立了司令部。3天后，拿破仑检阅了自己的部队。通过这次检阅,拿破仑知道,他带领的是一支半饥饿、衣衫褴褛的军队。没有军饷,没有口粮,没有衣服鞋袜,没有运输工具,甚至没有营帐和安营扎寨的工具。就在拿破仑到来的头一天晚上,一个营就因为没有靴子穿而拒绝执行向另一个地区转移的命令。饥饿的军队四处抢劫偷盗,反抗和开小差不时发生,士气十分低落。

拿破仑立刻着手整顿军纪,然而,谁愿意听这个年仅27岁的司令官的话呢?这支疲惫不堪的军队根本不把这个身材矮小、说话带有浓重科西嘉口音的年轻司令放在眼里。个子很高、身材魁梧的奥热罗将军甚至当面顶撞拿破仑。

拿破仑当然不能容忍。他仰头看着奥热罗将军,大声说:

"将军,你的个子正好高出我一头,但假如你对我无礼的话,我就会马上消除这个差别。"拿破仑手臂用力一挥,做了一个砍头的动作。

奥热罗将军吓得目瞪口呆。

拿破仑清醒地认识到,要真正严肃军纪,鼓舞士气,单靠砍头是不行的。必须使自己的军队有衣服鞋子穿,有基本的生活保证。但是巴黎的督政府经济濒于崩溃,不可能为远在意大利的军队提供切实有效的帮助。如何解救这支在阿尔卑斯冰峰雪地里困驻了三年的部队呢?拿破仑的大脑在紧张地思考着对策。他时而像一个空想家,向士兵们发表慷慨激昂的演说,时而像一个数学家,精确计算大炮、马匹的数量,饲料和给养的缺口,工兵和炮兵的配备……

他到任第三天的文卷记录如下:派遣110名工人修路;弹

压一个旅的哗变;组织两个炮兵分队;命令两名军官调查窃马案,回复另外两名军官的管辖要求;命令土伦的一位军官率部前来尼斯;命令另一位军官集结安提贝斯的自卫军;命令另一位将军查出哗变旅的主谋将军,给总参谋部写报告;发布阅兵命令。

在最初短短的20天之内,仅关于部分给养问题的文告他就发布了123道。

他还坚持每天给约瑟芬写一封情书,表达自己对她的思念之情。

所有这些工作,都完成于行军途中,12次司令部拆迁之间,6次小战之内。

他像一架永不疲倦的机器,精力充沛。他相信"时间决定一切",无论是在战役中,还是在日常的生活和工作中,他都充分利用每一分每一秒的时间,创造历史,创造奇迹。

他制订了一个新的作战计划,他决定突破阿尔卑斯山天堑,进军意大利最富饶的平原,让战争来回馈这支饥寒交迫的军队。

出征之前,他发表极富煽动性的动员演说:

"兄弟们,你们缺吃少穿,共和国欠你们很多,却无力偿还。我将带你们打到天下最富庶的平原去,那里欣欣向荣的城市,物产丰饶的乡村正等待着你们!在那里你们将获得荣誉、享受和财富。只要坚持两个星期,我们就能到达那里。兄弟们,面对这样的前景,能不鼓起勇气坚持下去吗?"

1796年4月5日,拿破仑开始了对意大利皮埃蒙特的征服。满怀希望的士兵们跟着他出发了。

拿破仑十分清楚,他必须兑现他的承诺。如果他能说到做到,部队就会相信他,服从他,拥戴他,如果他的承诺不能兑现,后果将不堪设想……

“时间决定一切。”为了更快捷地到达目的地,拿破仑带领部队从阿尔卑斯山的天险处翻越阿尔卑斯山。4 月 9 日,部队平安越过了天险。

拿破仑面对的敌人是强大的。当时驻守在皮埃蒙特境内的军队有两支,一支是由博利厄率领的奥军,一支是由科利率领的撒丁军,共计 80000 人,并且配备了强大的骑兵和具压倒优势的炮兵。而拿破仑只有 40000 多人,且炮兵、骑兵严重不足。面对敌我力量的巨大差异,拿破仑没有沮丧,他认为迅速调集兵力可以弥补人数上不足的缺陷,灵活性可以弥补炮兵不足的缺陷,选择适当的阵地可以弥补骑兵不足的缺陷。拿破仑仔细研究了这个地区的地形后,迅速部署了自己的部队。

就在他许下诺言后两个星期,拿破仑的部队获得了胜利,撒丁国王停战求和,献出了他疆域内的丰饶物产。

4 月 26 日,拿破仑在凯拉斯科又一次向士兵们发表了鼓舞人心的演说:

“士兵们,你们在 15 天内取得了 6 次胜利,缴获了 21 面军旗和 55 门大炮,攻克了许多坚固的阵地,占领了皮埃蒙特最富饶的地区,俘虏了 15000 名敌军,杀伤敌军 1 万多名。你们什么都缺少,却补充了一切。你们没有大炮而打了胜仗,没有桥梁而渡了河，没有鞋而急行军……士兵们，祖国期待你们去取得更大的成就，你们还有许多仗要打，还有许多阵地要去夺取，许多河要去渡。我们所有的人都希望，在回到自己村子上的时候，能说上一句：我曾经在战无不胜的意大利军团作过战！”

士兵们发出由衷的欢呼，惊叹他们年轻的司令非凡的军事才能，他们开始拥戴拿破仑·波拿巴。

阅读思考

① 拿破仑为什么选择贝尔蒂埃为总参谋长？他的身上哪些品质值得你学习？

② 请你设想一下，如果拿破仑没有兑现自己的承诺，将会有怎样不堪设想的后果？

第九章 洛迪战役

法军在皮埃蒙特的胜利，使得北意大利战场的战略形势发生了根本性变化，奥地利人在意大利陷入了孤立境地。拿破仑决定一鼓作气，把战场推到奥地利在北意大利的属地——伦巴第。

4月底，奥军统率博利厄亲自率领一队骑兵突袭了亚历山大里亚、托尔托纳和瓦伦察三个要塞，但遭到失败。博利厄慌忙率领主力退守波河北岸，企图凭借波河挡住法国直趋伦巴第首府。兵不厌诈。拿破仑为了渡过波河，采取了一系列的欺骗措施。他在皮埃蒙特战役后和撒丁国王签订的和约中，郑重其事地提出撒丁必须无条件地向法军开放瓦伦察渡口，随即又派部队在瓦伦察附近向奥军发起佯攻。这使博利厄元帅产生了错觉，以为法军必定会从瓦伦察强渡波河。于是，博利厄元帅派重兵把守在瓦伦察，决心让拿破仑插翅难飞。

博利厄元帅没料到拿破仑完全是声东击西。就在博利厄调重兵把守瓦伦察的时候,狡猾的拿破仑已经亲自率领部队以令人难以置信的速度急行军到了波河下游50千米处的皮亚琴察,用普通船只运士兵渡过了滚滚波河。拿破仑军队的突然出现,使得正好在此处执行侦察任务的两个奥地利骑兵连惊慌失措,法军不费吹灰之力,便将奥地利骑兵赶出了阵地。博利厄得知这一情况,惊愕不已,他万万没有料到拿破仑会为了取得战略上的利益,竟不惜侵犯中立国帕尔马公国的主权,因为皮亚琴察是帕尔马公国的领土。他太不了解自己的对手了,只要能够达到目的,拿破仑就会不择手段。

博利厄发现自己上了当,急忙前往皮亚琴察。然而拿破仑已经迅速率领部队向福米奥推进了。5月8日,两军先头部队在福米奥村遭遇,奥军经不住法军的猛冲猛打,被迫向洛迪和米兰方向退却。夜间,博利厄将主力部队全部撤到了阿达河左岸,并在各处浅滩和桥头加强了岗哨。

洛迪是阿达河下游右岸的一个小镇。博利厄估计法军可能要从洛迪强渡阿达河,便在附近设置了30门大炮,构成一个炮火阵地,并企图炸掉洛迪桥。这回博利厄估计得不错,法军正是要从这座桥上通过。

5月10日,拿破仑调集炮火轰击对岸的奥军。由于炮火的封锁,奥军无法向桥头靠近,不得不放弃炸桥的打算。傍晚,一场扣人心弦的争夺战在洛迪桥打响了!

大约6点,奥军的炮火刚刚减弱,几千名突击队员一边高呼“法兰西共和国万岁”一边不顾一切地冲向洛迪桥。奥军加强了炮火的攻击,突击队员不得不从桥上退下来。

拿破仑见此情景，带领贝尔蒂埃、马塞纳、拉纳等高级将领冲到阵地前沿，身先士卒，冒着密集的炮火不顾一切冲上桥头。士兵们看到自己的统帅冲锋在最前面，顿时士气高涨，无所畏惧，前赴后继地冲上桥去，直扑奥军阵地，一举夺取了洛迪桥。

奥军在法军潮水般的攻势面前土崩瓦解，逃遁而去。

拿破仑在这次战斗中表现出来的斯巴达克式的勇敢，受到了士兵们的热情赞扬，他成了士兵们心目中传奇的英雄。

相比拿破仑后来取得的无数次辉煌胜利，洛迪战役算不了什么。但正是此次战役打开了前往米兰的道路，为拿破仑的南线部队和莱茵河畔的北线法军会合、最终征服意大利奠定了基础。最为重要的是，正是在洛迪战役的这天晚上，拿破仑第一次感到自己不再是个普通的将军，而是一个决定人民命运的人物。他产生了开创伟大事业的强烈欲望，他决心要在欧洲这个政治舞台上扮演主角。

人的一生中，总会有某个时刻灵光一现，头脑突然开窍，有如得到神示，洛迪激战后的那个夜晚，拿破仑就是这样。他后来曾直言不讳地说：

“正是在洛迪的那个晚上，我相信自己是一个非常的人物，我感到非凡的伟业在召唤我！”

5 月 14 日，法军马塞纳师和奥热罗师进抵伦巴第首府米兰城下，2000 名守兵宣布无条件投降。5 月 15 日，法军在人们的欢呼声中浩浩荡荡开进繁华的米兰城。从此，奥地利人在伦巴第的统治不复存在。为了纪念这一历史性的胜利，激发法国士兵继续战斗的勇气和热忱，5 月 20 日，拿破仑在米兰对沉浸在胜利喜悦之中的法国士兵发布了一个像号角一样振奋人心的动员令：

“士兵们！你们像山洪一样从亚平宁高原上迅速猛冲下来，你们战胜并消灭了一切阻挡你们前进的敌人。现在，米兰是你们的，在全伦巴第的上空，到处飘扬着共和国的旗帜。号称能够威胁你们的敌军，再也找不到更多的障碍物，来抵挡你们的勇气了。波河、阿达河不再阻挡你们前进了。意大利这些所谓了不起的堡垒看来都是不堪一击的，你们像征服亚平宁山脉一样迅速征服了它们。

“是的，士兵们，你们做了许多事情……可是，这是不是说你们再没有事情可做了呢？人们在谈到我们的时候，会不会说我们善于取得胜利，却不善于利用胜利呢？后代会不会责备我们呢？……总而言之，让我们前进吧！目前我们还需要急行军，我们必须战胜残敌，我们要给自己戴上桂冠，对敌人给我们的侮辱必须还以报复！

“但是,我们应该叫老百姓放心,我们是一切老百姓的朋友,我们的到来是为了唤醒罗马人,使他们摆脱几百年来的奴役。我们将在历史上创造一个新时代!

“向我起誓,体恤你们所解放的百姓,否则你们就是人渣!你们的胜利,你们的勇敢,阵亡兄弟们的鲜血都将付诸东流,光荣和荣誉也将毁于一旦!我和诸将领也将会因为统率一支毫无纪律的部队而感到无地自容!”

作为一个科西嘉人,拿破仑对意大利人的性情、语言、典故和历史都很精通。他懂得如何向被占领的意大利人民表达自己的敬意:

“意大利人民们!法国是为了你们的解放而来的!它是各民族的好朋友。请相信它吧!你们的财产、风俗习惯和宗教信仰都将得到尊重和保护!”

正是历史创造了拿破仑,赋予他灵魂和生机,而当他在历史的激流中迅猛跃进的时候,他也推动了历史的发展。欧洲的君主政体已经摇摇欲坠了,意大利大大小小的君主们骄奢淫逸,底层平民生活悲惨,法国革命平等自由的思想很容易引起他们的共鸣。

阅读思考

① 查阅资料,请你再举一个“声东击西”的历史事件。

② 你怎样理解“善于取得胜利,却不善于利用胜利”这句话?

拿破仑有了钱，有了仆人，有了马车。他的名字传遍了法兰西第一共和国，他到歌剧院看演出时，观众们朝他热烈欢呼：“波拿马！波拿马！”

名家名言

人们常只想到自己的需要，而没考虑自己的能力。

名家名言

凡事必须要有统一和决断，因此，胜利不站在智慧的一方，而站在自信的一方。

第十章　争夺曼图亚

拿破仑带领法国军队在意大利从南向北挺进，他纵马驱驰，攻城略地，战无不胜。

在紧张的战斗间隙，拿破仑每天至少给约瑟芬写一封情书，表达他的绵绵情意。他希望约瑟芬到意大利来看望他，希望约瑟芬留在他的身边。

约瑟芬沉醉在巴黎的灯红酒绿之中，很少给拿破仑回信，更不愿意去意大利陪伴他。

炮声隆隆中，拿破仑放在贴身胸袋里镶嵌着约瑟芬肖像的小镜子震碎了。拿破仑勒马伫立，神色黯然：

“镜子碎了，我的夫人不是生病了，就是有了外遇！”

没错，当拿破仑在意大利出生入死的时候，约瑟芬又有了新欢，那是一个比她小 9 岁的年轻英俊的中尉，名叫夏尔。

但拿破仑全然不知，他依然坐在营帐中给约瑟芬写信，倾诉自己的思念：

“自从离开你，我一直很消沉，我整天思念着你的吻，你的泪和你使人销魂的忌妒。举世无双的约瑟芬的魅力永远点燃我心中的火焰。我何时才能远离责任和工作，自由地在你身边度过我所有的时光，除了爱你之外无须做任何事？……快到我这儿来吧，这样在离开世界之前，我们可以说：‘我们曾有过许多快乐的时光！’一百万个吻，给你和那只讨厌的‘命运’！”

拿破仑在意大利期间，给约瑟芬写了数百封战地情书，每一封都写得情真意切，热烈奔放。他一会儿满怀忌妒，一会儿自艾自怜：

“你不必去在意一个爱你的男人的幸福与痛苦，爱你是我今生注定的。期待你能如我一样地爱我是不公正的。为什么要要求精美的饰线与金线一样等重呢？我的错误在于上帝未能赋予我足以迷惑你的魅力。所有我辛辛苦苦取得的成就，仅仅为了博得你回眸一笑，稍加关注而已。别了，祝你健康，令人心醉神迷的女人……再一次打开信吻你！”

1796 年 5 月下旬，法国军队抵达了奥地利人在北意大利赖以抵抗的最后一道天然屏障明乔河，逼近了欧洲最著名的军事要塞曼图亚。

奥地利皇帝为了保住他对意大利的控制，下定决心不惜代价为曼图亚解围。由于博利厄跟拿破仑交手屡战屡败，奥皇派莱茵战线上享有盛名的维尔姆泽元帅接替了博利厄。奥地利方面感到这次胜券在握，夸下海口：8 月底以前奥军将重占米兰，意大利将是法国军队的坟墓。

奥军在兵力和装备上占有绝对优势。拿破仑决定避开奥军主力,采取声东击西、各个击破的方式,与奥军周旋。连续七天,拿破仑和他的军队没有脱过靴子,也没有睡过觉,无休止地急行军,一仗接着一仗,毫不留情地给72岁的老元帅维尔姆泽以重创。

曼图亚的争夺战持续了9个月。在这9个月中,拿破仑采取各个击破的战术,在曼图亚四周和奥军展开了多次惨烈的战斗。

11月15日,法军迂回到了阿尔科拉村。这里的地形对法军十分不利。因为阿尔科拉村四周都是沼泽,通往村内的堤坝十分狭窄,进攻十分困难,后撤更加危险。而此时法军正腹背受敌。拿破仑必须要在奥军的大部队赶到之前,击溃驻守的奥军,抢先拿下这个据点。

拂晓时分,拿破仑命令军队兵分三路,沿着通往村里的三条堤坝冲锋。奥军顽强把守着这几条狭窄的通道。奥热罗将军率领第一纵队冲到阿尔科拉桥头,猛攻不下,伤亡惨重,被迫退下阵来。

如果不马上扭转这种局势,拿破仑的计划就会失败,后果将不堪设想。拿破仑当即抓起一面三色旗,奋不顾身地朝重兵把守的阿尔科拉桥头堡冲去,督促部队继续冲锋。混乱中,拿破仑失足掉下堤坝,陷入沼泽,情况十分危急。士兵们看到拿破仑身处险境,高呼着“救出司令”奋勇朝前冲去。法军以压倒一切的气势,冲垮奥军,攻占了桥头堡。

战斗持续了三天,阿尔科拉桥三易其主,两军将士都打得精疲力竭。

就在双方都疲惫不堪的时候,拿破仑带领将士们发起了最后的总攻。他派25名精锐骑兵迂回到敌人的侧翼,吩咐他们在冲锋时吹响随身带的三只喇叭,高呼:“法国骑兵来了!”果然,被打糊涂了的奥军听到喇叭声和喊声,以为法国的骑兵已经越过了沼泽地,顿时大乱。拿破仑趁此机会,下令全线总攻。就在这时,一颗榴弹飞向拿破仑。说时迟,那时快,拿破仑的贴身副官米尔隆立即扑向榴弹。“轰隆”一声,榴弹爆炸,米尔隆血肉横飞。

拿破仑被激怒了,发誓要为这位英勇的朋友报仇。他迎着密集的弹雨和炮火,率领全军不顾一切猛冲过去,刚从米兰养伤回来的拉纳见此情景,冲到拿破仑的前面,用自己的身体为拿破仑挡住枪林弹雨,拉纳身上中了三枪。

阿尔科拉最终被攻下来了。拿破仑很高兴,马上给约瑟芬写信:

“亲爱的约瑟芬,敌人被我们在阿尔科拉打败了,虽然我有点疲倦,但我终于又一次活在人间,仍然保持着我的光荣和荣誉……”

1月13日,奥军阿尔文齐部与莱茵北线的儒贝尔将军的法军相遇。儒贝尔苦守阵地一整天,甚为吃紧。拿破仑得到消息,率领大军连夜在雪地里急行军32千米,于子夜2点抵达利沃里山地,增援儒贝尔将军。

拿破仑顾不上休息,借着朦胧的月光视察阵地,看见山谷里奥军的五处营盘篝火无数。敌军人数如此众多,让法军不寒而栗。拿破仑犀利的目光却发现了一个秘密，那就是敌人的炮兵尚未到达，否则敌军不会把营盘扎在远离攻击目标的地方。因此，拿破仑断定奥军不会在第二天清晨发动大规模的进攻，他们一定会等到炮兵到达后再采取行动。拿破仑灵机一动，决定要迫使阿尔文齐提前投入战斗。

于是，拿破仑一边让大队人马抓紧时间休息，一边立即用一些小规模的袭击骚扰奥军。阿尔文齐以为这些只是法军的前哨，并非主力，因而没有在意，结果奥军很快被法军击退了。

阿尔文齐发现形势不对，断定前来进犯的是法军的主力，迅速部署全部大军对付法军。这正中拿破仑下怀。他亲自骑马去唤醒正在酣睡的将士们，命令他们立即行动。

法国炮兵居高临下轰击奥军，骑兵和步兵不断冲锋。奥军乱了阵脚，阿尔文齐带领残余部队慌忙溃逃。

在这一天的战斗中，拿破仑始终坚守在前沿阵地，指挥战斗。他的三匹坐骑先后中弹死去，但他毫无惧色，

第二天，拿破仑带领部队急行军一昼夜，于 15 日傍晚抵达曼图亚近郊。他让连续行军和战斗的将士们扎营休整，为第二天清晨圣乔治镇的激战做准备。为了防止敌人偷袭，拿破仑要求大家增加岗哨，保持高度警觉。他自己整夜巡查各个岗哨，以防万一。

凌晨，当他巡查到一个岗哨时，发现站岗的士兵斜倚着树根睡着了。拿破仑没有唤醒他，而是轻轻地拿过哨兵手中的枪，替他在哨位上站岗。半小时后，哨兵从沉睡中突然惊

醒，当他认出替自己站岗的正是总司令拿破仑时，士兵吓得“扑通”一声跪在地上。拿破仑把他扶起来，将枪交还给他，温和地说：“你们艰苦作战，昼夜行军，打瞌睡是可以谅解的。但现在是非常时期，一个小小的疏忽就可能断送全军。我今晚正好不困，就替你站了一会儿。下次你可要小心。”

哨兵以为拿破仑会处罚他，没想到拿破仑竟然如此体恤他，感动得一个劲地点头，说不出话来。

身先士卒，爱护士兵，拿破仑一生都是如此。

第二天清晨，一场激烈的战斗在圣乔治镇打响，勇敢的法军手拿刺刀冲向奥军阵线，击溃了所有企图抵抗他们的敌人。

坚守在曼图亚的老将维尔姆泽一无粮草，二无援军，不得不派出信使与法军议降。信使走进法军司令部的帐篷，对裹着大氅坐在角落里的拿破仑说，他的主将还可以坚守很长时间，不过，如果投降条件优惠，他们可以立即献城。拿破仑走到信使面前，亲笔写下投降条件，并且告诉信使：

“这些都是你们的主将受之无愧的条款。他可以今天接受，也可以等一个星期，或者一个月以后再接受。我的条件不会改变。同时，请你告诉你的主将，波拿巴将军即将出发去罗马了。”

2月2日，维尔姆泽率军开出曼图亚。在受降仪式上，奥地利驻意大利的最高统帅维尔姆泽缴出随身的佩剑，交给法军统帅。为了不让这位年迈的老将军感到受辱，拿破仑回避了受降仪式，让自己的一位手下塞律里埃将军替自己接过了维尔姆泽的宝剑。

在拿破仑看来，胜败乃兵家常事，而维尔姆泽将军是值得人崇敬的。

长达9个月的曼图亚争夺战终于结束了。奥军总共折损了27000人，500多门黄铜大炮和60面军旗落入了法军之手。

拿破仑现在已经是整个意大利北部的主人。他率军直驱奥地利的首都维也纳。

奥地利宫廷一方面派人向法国政府请求议和，另一方面立即组织大军，任命年轻有为的查理大公为统帅。查理大公在莱茵战线上击败了法国的儒贝尔将军和莫洛将军，是一位有雄才大略的亲王。

4月7日，拿破仑的先头部队抵达了距维也纳250千米的累欧本。拿破仑决心乘胜猛追，把共和国的旗帜插上维也纳的宫墙。他上书法国的督政府，请求援助。但督政府告诉拿破仑，他不可能指望得到任何援助，而且督政府已经答应了奥皇的议和请求。拿破仑不得不停止进攻。

4月18日，拿破仑和奥地利代表经过谈判，在累欧本签订了临时条款，战争以拿破仑的胜利而告终。

6月29日，拿破仑宣布在意大利北部以伦巴第为中心，成立内阿尔卑斯共和国。在这里，他废除了奥地利的政府机构，仿效法兰西的政体组建了市政府和国民自卫队。这个共和国的版图北平阿尔卑斯山脉，南至里米尼，西迄提契诺河，东抵明乔河，成了法兰西有力的同盟国。

1797 年 9 月 27 日,拿破仑代表法兰西共和国督政府,和奥地利外交家科本茨谈判,正式签订和约。

这是一场漫长而艰巨的谈判,双方互不相让。在这次谈判中,拿破仑表现出的外交才能丝毫不亚于他的军事才能。

10 月 16 日,谈判陷于僵局。科本茨指出,法国给奥国皇帝的补偿不及奥国损失的四分之一,法国若占据曼图亚和阿迪杰河一带,实际上等于吞并了整个意大利,奥国皇帝决心已定,宁可冒战争的风险,也不能同意这种和约。

拿破仑听了,怒不可遏:

“你们别忘了,法国是战胜国,你们是战败国!你是在我的掷弹兵的包围中同我进行谈判的!好吧!那么停战到此为止,新的战争马上宣布开始!但是请你们记住:秋末以前,我一定要粉碎你们的国家,就像现在粉碎这个咖啡盒一样!……”拿破仑疯狂地叫喊着,抓起谈判桌上科本茨的玉石咖啡盒摔在地板上,咖啡盒顿时被摔得粉碎,碎片溅了一地!这个咖啡盒是俄国女皇叶卡捷琳娜赠送给科本茨的礼物,非常珍贵。科本茨被拿破仑的震怒弄得不知所措。拿破仑冲出会场,头也不回。他立即打发一位军官去通知查理大公:谈判已经破裂,战争 24 小时以后开始!

由于拿破仑的软硬兼施,10 月 17 日,拿破仑终于在小村庄坎波福米奥和科本茨签订了和约。根据《坎波福米奥和约》,奥地利把比利时各省割让给法国,并承认内阿尔卑斯共和国。法国则将威尼斯的大部分划归奥地利,作为奥地利失去比利时和伦巴第的补偿。拿破仑用威尼斯换得了奥地利在莱茵河上的让步。因为拿破仑虽然在意大利打败了奥国军队,但是在莱茵战线上,奥地利的军队在德国境内将法军打得节节败退。现在,莱茵方面得救了,莱茵河成了法国的天然疆界。这是拿破仑外交活动的第一个重大成就。从此,欧洲第一次反法联盟宣告破产。

阅读思考

① 拿破仑外交活动的第一个重大成就是什么?你能举出中国领导人的一个外交成就吗?

② 简单叙述欧洲反法联盟第一次宣告破产的过程。

第十一章　远征埃及

1797 年 12 月 7 日，拿破仑回到巴黎，数不清的群众用叫喊声和暴风雨般的掌声迎接这位载誉归来的英雄。面对人民的狂欢和督政府盛大的欢迎仪式，拿破仑异常冷静，他说："假如把我送上断头台的话，人民也会这么快跑来看热闹的。"

对经过意大利战火洗礼的拿破仑来说，鲜花、掌声、赞美之辞已经太微不足道了。在征服意大利的日日夜夜，拿破仑听到自己生命的波涛在汹涌澎湃，他仿佛位于高空之中，看到世界在他的底下流动。他内心十分清楚明白：国家需要一个领袖，一个以其功业驰名的领袖，而不需要一群高谈阔论的督政官。

在巴黎，拿破仑有意回避热闹的庆功宴席和豪华的社交场所，每天只和亲朋好友待在一起。人们看到这个瘦削、苍白、神情疲惫的小个子将军常常走神，在听别人说话时总是心不在焉。人们隐约感到他那不知疲倦的大脑中正在酝酿新的计划,但不知道他究竟在想些什么。

灯红酒绿的巴黎是一个让人健忘的城市。随着时间的推移,拿破仑感到自己的荣誉正在消退,一切都是过眼烟云。拿破仑渴望建立更大的功业。他想:如果再有两个意大利这样的战役,我就能流芳百世了。如果我现在就死去的话,10个世纪后,我在世界历史上连半页纸也占不满!

夺取最高的权力是他的目标,但现在时机还不成熟。他要耐心地等待时机。怎么才能更好地利用这个等待的时间呢?最好的办法是进行新的征服,建立新的辉煌功绩,在法兰西的民众中树立更高的威望。

拿破仑找到了新的攻击目标,那就是英国。谁打败了英国,谁就是世界的霸主。在最近5年的海战中,法国军队被英国打败了6次,唯一的胜利是拿破仑指挥的土伦战役。

拿破仑从巴黎出发,到法国北部海岸考察,看从海岸突袭英国是否可行。8天中,他行色匆匆,耐心地请教水手、领航员、走私贩子和渔民。他提出问题,全神贯注地听取回答,用他自己缜密的大脑分析研究,最后他得出结论:从英吉利海峡进攻英国是完全行不通的,那是在拿美丽的法兰西的命运去冒险。

从北部海岸回来后,拿破仑向外交部部长塔列朗提交了一份建议:从世界的另一个地方——埃及去打击英国。督政官们听到"埃及"两个字就头痛,因为埃及是法国的老盟友土耳其苏丹的领地,出兵埃及属于不义之举。但他们还是批准了拿破仑的计划,给了拿破仑指挥权。因为督政官们担心拿破仑如日中天的荣誉和威望会危及自己的权力,想用战争吸引住拿破仑旺盛的精力和超凡的智慧,把他打发得越远越好。

出征埃及的计划并不是拿破仑一时突发奇想、心血来潮。埃及一直是拿破仑魂牵梦萦的地方。古代马其顿国王亚历山大一世的征战事迹曾激荡过少年拿破仑的心。公元前336年,亚历山大接替父亲成为马其顿国王,他为了国家的荣誉,英勇征战,创造了马其顿帝国的辉煌历史。他在短短13年内吞并了西方世界的大半领土,深入人迹未至的印度半岛,摧毁了当时最强盛的波斯帝国,被赞颂为国王、皇帝甚至神,是历史上第一位名副其实的征服者。被拥戴为马其顿之王、希腊王、巴勒斯坦王、埃及王及亚州王。他长征了2万里,帝国版图横越了欧亚非三洲,他建造了新的城市,留下了新的文明,万世流芳。拿破仑渴望仿效亚历山大一世,建立一个以埃及为中心的世界帝国。拿破仑在意大利征战的时候就常常想到埃及,感叹欧洲太小了,真正伟大的事业应该是在东方进行。他也感叹自己出生得太晚了,即使自己能建立像亚历山大那样的功业,也不能再像亚历山大那样宣布自己是上帝或上帝之子了。但是拿破仑忽略了一点:我们已经不再生活在古罗马时代,征服者拥有的不再是百万牛马般的奴隶,而是受启蒙思想和法国革命影响的士兵,在世界的各个角落,连蒙昧的非洲人都在觉醒。

这位晚生了2000年的天才现在已经开始了他的人生悲剧。他那双半神的手,在为自己勾勒着厄运。

1789 年 3 月 5 日，拿破仑被任命为埃及远征军总司令。他立即开展了繁忙的准备工作，组织远征军团、研究世界政治局势和英国纳尔逊舰队的活动。他几乎是一个一个地选拔远征埃及的士兵和军官。他认识很多士兵，有着惊人的记忆力，知道哪个士兵勇敢、坚强，但经常饮酒，哪个士兵聪明、灵敏但身体素质较差。为了使他的士兵们能在地中海的烈日下作战，能走过炎热干旱的沙漠，他必须挑选能吃苦耐劳、身强体壮的士兵。

5 月 19 日，由 15 个步兵联队、7 个骑兵团和 28 个炮兵、工兵、地雷兵连组成的远征军分乘 300 艘运输船，在 13 艘主力舰的护送下，从土伦港扬帆出航。临行前他发表动员演说，许诺每个士兵凯旋后可获得 6 亩土地。

当最后一名士兵上船以后，太阳升起来了，照得海面一片金黄。绝大多数官兵都曾经跟随拿破仑征战意大利，他们相信只要拿破仑在，胜利就有保证。官兵们心中对未来充满必胜的信心和美好的希望，他们指着海面上升起的太阳，高兴地称之为“拿破仑的太阳”。

拿破仑这次远征的目的地是严格保密的，但还是传到了英国海军上将纳尔逊的耳朵里。他立即率领英国海军追截拿破仑。他全速前进，取最短的航线，想追上拿破仑，将其消灭在大海里。没想到英国海军反而跑到拿破仑的前面去了。当拿破仑 6 月 30 日在亚历山大港登陆的时候，得知纳尔逊将军的舰队在 48 小时前已经追到这儿，四处打探拿破仑的动向。他没有见到拿破仑，便自作聪明地以为拿破仑此次远征的目的地并不是埃及，而是君士坦丁堡，因此，他立即率领舰队，扑向君士坦丁堡。

拿破仑知道，纳尔逊随时可能再回来。在海面上，法国军队根本不是英国人的对手，拿破仑必须立即登陆。此时海面上波涛汹涌，狂风大作，天气极其恶劣。海军司令布律埃斯为安全起见，主张再等几小时再登陆。拿破仑坚决地说：

“时间紧迫。现在，命运只给了我3天时间，如果我不能充分利用，我们就会失败。”

尽管登陆十分困难，许多士兵溺死海中，但7月2日凌晨1点，登陆最终还是顺利完成，法国军队踏上了埃及的土地。

纳尔逊三周后才得知自己的失误，他咒骂自己倒霉的运气和拿破仑奇迹般的脱险，他不得不叹息：“魔鬼的孩子自有魔鬼的好运！”

6天后，拿破仑任命克莱贝尔将军率领9000卫戍部队留守亚历山大港，他自己则率领大部队向开罗进发。

这是一年中最炎热的季节。官兵们行进在浩瀚的沙漠里，第一次真正认识到了这场战争的残酷性。在骄阳的炙烤下，水成了最珍贵的东西。法军第一次认识什么是热带和沙漠，他们出发前根本没有准备适合热带穿的服装，甚至连水壶都没有带。部队渴得要命，可是在沙漠中除了恶心的咸水塘，找不到任何可以解渴的东西。空气中充满了毒虫，黄沙的反射和太阳的直射让许多人的视力出现问题，甚至失明。沿途不见人踪兽迹和草木，只有阿拉伯骑兵神出鬼没，不时袭击掉队的法国士兵。士兵们怨声载道，连像缪拉和拉纳这样英勇无畏、久经考验的将军也忍不住开始发牢骚。唯有拿破仑一人超然于这一切灾难之上,决心要把这场战争进行到底。

在远征埃及的时候,拿破仑随军带了一批学者,在危机四伏、十分艰难的行军途中,拿破仑下达过这样一条命令:“让驴子和学者走在队伍中间。”因为驴子驮着全军的辎重,而学者的头脑中装着人类的文明与知识。这条命令也体现了拿破仑对知识的尊重。

埃及属于土耳其奥斯曼帝国,统治埃及的地方执政官称为贝伊。埃及的贝伊们不仅拥有土耳其步兵,还拥有世界上最骁勇善战的马穆鲁克骑兵。

法军入侵埃及的消息传到开罗,开罗的贝伊们和他们的将军欢呼雀跃,他们把法军看作“待切的西瓜”,保证每个马穆鲁克将带回成百颗人心。

7 月 21 日,穆拉德贝伊和易卜拉欣贝伊率领马穆鲁克骑兵和土耳其步兵,在距离开罗 15 千米的金字塔附近迎战拿破仑。

经过两小时的苦战,尼罗河水被鲜血染得通红,穆拉德贝伊和易卜拉欣贝伊最后招架不住,率领残部仓皇逃走。

通往开罗的障碍被扫除了,法军很快占领了这座城市。疲惫不堪的法军终于可以好好休息一下了。

但拿破仑一刻也没有闲着，他进城伊始，便全力投入埃及的组织管理工作，着手在埃及各省成立政府，按照法兰西的模式重建埃及政治制度。

拿破仑在开罗忙碌的时候，英国的纳尔逊将军也没有闲着。8月1日，纳尔逊发现了停泊在阿布基尔湾的法国布律埃斯舰队，他沿着法国舰队的停泊线，从两面近距离用炮火夹攻，法国舰队全部覆灭，法国旗舰“东方号”爆炸，舰队司令布律埃斯阵亡。

拿破仑得知这一消息震惊了！他脸色发白，悲痛万分。因为这样一来，埃及远征军和法国的一切交通联络都被切断了，他们被重洋隔绝在埃及的土地上，无法返回法国了！

拿破仑很快便驱除心中阴暗的情绪镇定下来了。他鼓舞将士们说：

“我们被隔绝在埃及的土地上了。这很好。或许命运注定要由我们来改变东方的面貌，要我们留在这儿，像古代亚历山大大帝那样完成伟大的功业。我们将不得不在这儿重新创立一个大帝国。海洋把我们和祖国分开了，但无论哪一个海洋都不能把我们和非洲分开，也不能把我们和亚洲分开！”

舰队的丧失使拿破仑意识到，他必须迅速有效地把埃及组织起来，使法军在埃及站稳脚跟，不需要依赖欧洲后方而生存下去。他那灵活的大脑永不停息，思考战争、防务、税收、政府、法院机构、贸易、艺术和科学等问题。他让人们扩大谷物的种植面积，建造大型烘炉和面包房，以解决粮食供应问题。建造啤酒厂酿造啤酒,以满足部队的需要。建立铸造厂和制硝厂,供应机器、工具和火药。

为了确立法国人在埃及的绝对统治地位,拿破仑对一切胆敢与法国作对的人绝不手软。他以极其残酷血腥的手段镇压阿拉伯人的暴动和民众的起义,他让人把起义者全部绞死,把暴动者的头颅割下来,用麻袋装到开罗的广场上堆积起来。这些措施收到了杀一儆百的效果,开罗居民被吓得魂飞魄散。

阅读思考

① 查阅资料,了解英国为什么号称“日不落帝国”?

② 拿破仑远征埃及的目的是什么?

第十二章　逃离开罗

土耳其见自己的领地埃及被法国人占领，十分恼怒。土耳其苏丹派兵朝埃及进发，向法国宣战。1799 年 2 月，拿破仑留下狭舍将军保卫埃及，自己率领大部队向叙利亚进军，迎击土耳其军队。

进军叙利亚的路途异常艰苦。沙漠行军的疲劳，饮水的缺乏，使得士兵们怨声载道。他们咒骂共和国，咒骂发起这次远征的人。

3 月 4 日，法军包围了叙利亚美丽的城市雅法。拿破仑事先派了一名军官作为特使去见雅法城的司令官，递给他一封信："真主是善良和仁慈的。"信以传统的伊斯兰方式开头，告诉对方："若是投降，可保全全家性命；若是顽抗到底，一旦雅法城被攻破，城中居民一律杀光。"但是雅法不仅没有投降，反而把这位作为特使的不幸的将军斩首示众，拿破仑得到的回信是一颗挑在长矛上的血淋淋的人头。

拿破仑大怒，下令立即开火。6日，雅法城陷落。法军冲进城中，见人就杀，见东西就抢。最后，4000名土耳其士兵退守在一个坚固的堡垒里。拿破仑的继子欧仁·博阿尔内奉命前去收拾他们。土耳其守军说："如果能够饶命不死，就全体投降。否则，誓死守卫阵地，直到流尽最后一滴血。"博阿尔内答应只要他们投降，就饶他们不死。

可是，当博阿尔内押着4000名俘虏来向拿破仑报告时，拿破仑勃然大怒：

"你们要我拿这批人怎么办？我是有粮食供给他们，还是有船装载他们回埃及或法国去？你们是怎么给我办事的？有脑子没有？"

欧仁辩解："您不是指示我们要禁止杀戮吗？"

拿破仑回答道："禁止杀戮是指对妇女、儿童和老人、平民，但不包括武装士兵！你们的职责就是要他们去死！"

法军的口粮本来就已经不够自己的士兵吃了。如果让法国士兵挨饿，匀出口粮给俘虏吃，法国士兵可能会发生哗变。如果把这4000名俘虏释放，他们马上又会和其他土耳其士兵集结起来，掉转枪口攻打法军。如果把这4000名俘虏押回埃及或法国去，所要耗费的人力、物力，对于在沙漠中艰苦奋战的法国远征军来说，是不可以想象的。

对于如何处理这4000名俘虏，拿破仑犹豫不决。他翻来覆去思考了3天，最后决定把他们押至海边，全部枪毙。

枪声响起，海面上漂浮着死尸，回荡着垂死的俘虏们痛苦的呻吟和恐惧的惨叫，那悲惨的场面令每个在场的人不寒而栗。

攻占雅法之后,瘟疫开始在军中流行,夺去了 8000 名法国士兵的性命。但即便是瘟疫也没有能够阻挡拿破仑前进的脚步。3 月 20 日,法军包围了巴勒斯坦的军事要塞阿克尔城堡。

阿克尔城堡位于一个三面环水的半岛上,是土耳其总督杰扎尔赖以抵抗法军的据点。杰扎尔当时年过七旬,但面对法军的包围,他勇敢顽强,无所畏惧。拿破仑对阿克尔城堡的围攻历时两个月,一共发起了 8 次猛攻,但均以失败告终。法军不仅攻城损失惨重,每周死于瘟疫的人就多达 140 人。在此之前,拿破仑从未遭受过这样的失败,这一次,他也不相信幸运之神会弃他而去。他对秘书布里昂说:

“我知道这个倒霉的地方已夺去我许多人的性命,消费了我许多的宝贵时间,但是,事已至此,不能不做最后一搏。如能成功,我要鼓动并武装叙利亚的平民,率领大军向大马士革和阿勒波挺进,我要打到君士坦丁堡去,推翻土耳其帝国,并在东方建立一个伟大的新帝国,把我的名字载入史册。”

拿破仑对未来充满了必胜的信心,但是阿克尔城堡守军的强大和抵抗的顽强却打破了他的东方迷梦。5 月 17 日,拿破仑不得不放弃围攻,宣布返回埃及。拿破仑至死都对没有能攻陷阿克尔城堡感到遗憾。他在圣赫勒拿岛的回忆录中说:“如果阿克尔早点陷落,我当改变世界面目。东方的命运决定于那个小镇。”

5 月 20 日,法军在夜间悄悄撤离阿克尔城堡。撤退比进军时更加艰难。因为已经到了五月末,这些地方酷热难当。军队在高温、饥渴、瘟疫和伤病的折磨下,人心涣散,意志消沉。为了减轻负担,许多重炮不得不丢弃在沙漠里。在出发前,拿破仑命令军医用鸦片结束那些感染上了瘟疫的病人和濒临死亡的伤员的生命,以免把他们留下来后遭到土耳其人和阿拉伯人的屠杀。

士兵们被这场看不到胜利希望的战争折磨得失去了理智,撤退的途中每经过一个村庄、城镇,都放火焚烧,借机发泄心中郁积的悲愤。

拿破仑命令所有的人都步行,马和车辆用来运载伤员。这个命令下达后,拿破仑的副官以为总司令可以例外,出发前,他跑到拿破仑跟前,问他骑哪匹马。拿破仑大发雷霆,狠狠地扇了副官一个耳光,说:

"全体步行!我第一个先走!难道你没听见我的命令吗?滚开!"

经过25天的艰难行军,6月14日,法军终于抵达开罗。

一个月后的一天傍晚,一名信使全速奔向拿破仑的住处,送来了驻守亚历山大港的马尔蒙将军的一份报告:15000名土耳其士兵在英国舰队的保护下,在阿布基尔登陆了。

这是拿破仑期待已久的机会,他立刻率领军队开赴前线。7月24日,拿破仑的军队以迅雷不及掩耳之势,全面进攻土耳其军队的防线。缪拉率领一个骑兵旅冲进土耳其阵地,砍伤并俘虏了土军司令官。土耳其军队仓皇逃窜。

进攻、交战、败北、溃退,全都发生在转瞬之间。事后拿破仑得意扬扬地写道:“这是我所看到的最出色的战役之一。”

拿破仑已经有 10 个月没有得到法国和欧洲的消息了。这次在阿布基尔打败土耳其登陆部队,拿破仑想借机从土耳其方面了解一些有关欧洲的消息。他派使者去给土耳其舰队司令送休战旗,但英国舰队严密防范土军和法军之间有任何直接联系,要求使者把休战旗送到英国舰船上,由英军转交。英国舰队司令西德尼·史密斯曾是拿破仑在布里埃纳军校时的同学,知道拿破仑征战意大利的功绩。就在拿破仑远征埃及的同时,欧洲又成立了一个强大的反法同盟,法国军队在莱茵地区一败再败,法国丢失了意大利,法国国内也四分五裂。拿破仑却因为困在埃及,对此事还一无所知。

史密斯故意将一卷报纸当作礼物送给了拿破仑。

拿破仑连夜翻阅报纸,气得暴跳如雷:“一群笨蛋!意大利丢了!我的一切胜利果实都丢了!我们必须离开埃及,回法国去!”

拿破仑决定马上回法国去。他命令参谋长贝尔蒂埃和新任命的海军司令冈托姆赶紧准备两艘快速三桅船和两艘小船,还有足够四五百人两个月用的粮食。他告诫他们要严守秘密,不得走漏半点风声。

8 月 10 日,拿破仑带着贝尔蒂埃、拉纳、缪拉、马尔蒙等亲信,一行四五百人离开开罗。为了掩人耳目,他派人放风说,他要去埃及考察尼罗河三角洲,并要求开罗的政务会议在他不在时,按时向他报告当地的情况。

直到 8 月 22 日，船只离开亚历山大港，拿破仑才宣布此行的目的地不是尼罗河三角洲，而是法国。听到这个消息，全体官兵欢呼雀跃，人人脸上洋溢着兴奋的笑容。

他给克莱贝尔将军留下了一封信，任命他为总司令，接替自己继续留在埃及，并授权他可以自由考虑何时将军队撤弃埃及。他在信中写道：

“国家的利益、国家的荣誉和军人的责任感使我决定从敌人的舰队中冲出去，回到欧洲。我是抱着深深的遗憾离开埃及的。我的心永远同你们在一起。”

当这封信到达克莱贝尔将军手上时，拿破仑早已经在海上了。

拿破仑出征埃及时，带来的是一支 30000 多人的军队，当他逃离埃及时，剩下的军队不到 12000 人，已有三分之二的年轻法兰西战士命归黄泉。接替拿破仑的克莱贝尔将军第二年 6 月在花园里被一名阿拉伯刺客刺杀身亡。克莱贝尔将军遇刺后，梅努将军接替他成为埃及远征军总司令。梅努后来皈依了伊斯兰教，并于 1800 年投降英国。埃及的大灾难就此告一段落。

对于拿破仑来说，远征埃及是他生活和事业的转折点。拿破仑第一次知道，他的能力也是有限的，并不是所有他能想到的事情都能做到。他对自己曾经炙热爱恋的约瑟芬的信任动摇了，因为就在拿破仑出生入死的时候，在巴黎的约瑟芬又换了新的情人。她的风流、不贞和背叛，已经尽人皆知，就连拿破仑的敌人英国人也知道。这使拿破仑蒙受了羞辱，而且这种羞辱对于这个有着浓重的家庭观念、热爱荣誉胜过生命的科西嘉人的打击有多么巨大是无法想象的。对于法国军队来说，这场远征也是一个十字关口，虽然留在埃及、有幸活下来的大多数官兵后来都被英国人遣散返回了法国，但他们中的绝大多数都不会忘记并宽恕拿破仑在关键时刻抛弃和背叛他们的行径。

然而具有讽刺意味的是，当拿破仑回到法国的时候，这场惨遭失败的远征却成了拿破仑重要的功绩之一，为他的未来铺平了道路。

1799 年 10 月 9 日，经过 40 多天的艰难航行，成功地躲过英国舰队的拦截，拿破仑回到了法国。30 岁的拿破仑·波拿巴受到了人们狂热的欢迎。因为法国人民并不知道他在埃及的惨败，他们只记得他在意大利的功勋，只知道他是一个远征埃及的英雄。

街道上挤满了欢呼的人群。人们抬着拿破仑和他的随从，请求他："将军，法国危急！请您立即去追击敌人！如果您愿意，我们拥戴您为王！"

民众的欢腾和拥护坚定了拿破仑夺取国家最高权力的信心。他意识到：他的机会终于来到了！

阅读思考

① 拿破仑为何要将 4000 名俘虏全部枪毙？这一行为表现出拿破仑怎样的性格特点？

② 为什么说远征埃及是拿破仑生活和事业的转折点？

第十三章　雾月 18 日

法国面临的形势是严峻的。1798 年年底，俄、英、奥、西班牙、土耳其、那不勒斯等国组成了第二次反法联盟。策划者和组织者是英国，军事行动的支柱是俄国和奥地利。反法联军从意大利、瑞士、荷兰、莱茵地区四个方面进攻法国。1799 年，俄奥联军击败意大利军队，占领了米兰、曼图亚和亚历山大里亚，法国著名将领儒贝尔将军战死，12000 名法国士兵成了炮灰，意大利北部又成了奥地利的殖民地。战争的失利使人们盼望拿破仑——这个昔日的胜利者从埃及早日归来。

督政府钩心斗角、腐败无能。保王党分子又开始死灰复燃，国内到处都是动乱和不满。人们期盼一个强有力的人物出现，希望他能恢复法兰西昔日的平静和荣耀。

10 月 13 日，督政府向议会报告，拿破仑将军已经回国，即日将抵达巴黎。议员们全体起立，整个会场爆发出经久不息的雷鸣般的掌声。会议中断了,议员们跑到街头,奔走相告,繁华的巴黎像发了狂似的,大街小巷、剧院、沙龙,倒处传颂着拿破仑的名字。卫戍部队奏着军乐,走遍巴黎的每一条大街,以示欢迎。

如果说在返回法国前,拿破仑心中权力的大厦还模糊不清的话,如今这异口同声的喝彩和万众欢腾的景象,使他坚信夺取最高权力,除去不学无术、贪污腐化的督政府是法兰西赋予他的光荣使命。

拿破仑开始物色自己的合作伙伴,8 月 18 日到 20 日,拿破仑在家里会见了许多重要的人物,争取他们的支持。具有卓越外交才能、赋闲在家的塔列朗同意公开出来为拿破仑服务。握有实权的现任督政府警察署署长富歇也决定投靠拿破仑,从内部策划政变。

对于现任的五位督政官拿破仑决定采取威胁、利诱的手段,迫使他们主动辞职。

拿破仑需要想办法对付的是元老院和五百人院。

为了表示对拿破仑的敬意,法兰西五百人院早已选举拿破仑的弟弟吕西安出任五百人院的主席,因此,五百人院的大部分人控制在吕西安的手中,拿破仑不用担心。

11 月 9 日,即共和历雾月 18 日上午,在拿破仑的暗中操纵下,元老院在杜伊勒里宫举行会议,通过一项决议:鉴于目前国家形势严峻,任命拿破仑为首都以及近郊武警部队总司令,担负起保卫政府的职责。

上午 8 点半,元老院派代表来到拿破仑的府邸,向拿破仑宣布这项任命。拿破仑立刻带领早已等候在家的将领们赶到元老院,发表演说:

“诸位公民代表们,共和国在危急之中,你们充分了解这个情况并颁布法令让我去拯救它。我们要的是基于真正自由、平等、人民代表制原则的共和国。我以我的名义和我的同伴们的名义发誓,我们一定能获得这样的共和国。”

这时,在杜伊勒里宫的外面,早已集结了一支数万人的庞大军队。拿破仑随即检阅了这支军队,并发表讲话:

“共和国两年来的治理工作很糟,你们都希望我的回国能结束这些灾难。现在你们一致祝贺我的任命,我正在完成这一任命所给予我的那些任务,你们将协助你们的将军,完成你们的任务。自由、胜利与和平将把法兰西共和国重新放回欧洲最重要的位置上。共和国万岁!”

军队以暴风雨般的掌声向他欢呼。

督政府已经到了它的末日。塔列朗已经说服了其他几位督政官辞职,最后一位需要说服的是巴拉斯——约瑟芬的老情人、拿破仑从前的朋友。塔列朗来到卢森堡宫的时候,巴拉斯正在摆餐具,准备宴请客人。餐桌上摆了 30 套餐具,却只来了一位客人。善于见风使舵的巴拉斯明白大势已去,他迅速在塔列朗准备好的辞职书上签了字,自我解嘲地说:“太好了,又回到普通公民的行列里了。”

拿破仑没有费一枪一弹就把督政府解散了。

第二天,在拿破仑的安排下,元老院和五百人院的代表到远离巴黎的市郊圣克鲁开会,商议成立新政府。为了以防万一,拿破仑在巴黎和圣克鲁之间部署了军队。

五百人院中有些代表不理解为什么会议场所突然从巴黎搬到了圣克鲁,更不能容忍有军队包围会场。有些代表开始骂拿破仑是阴谋家、强盗、罪犯和独裁者。

时间一小时一小时地过去了,两院代表不仅没有做出成立新政府的决定,反而开始质疑昨天元老院通过的决议。尤其在五百人院,反对的声音越来越多,吕西安再也无法控制局面了。

拿破仑等得不耐烦了,在几个士兵的陪同下冲进五百人院。当他出现在门口的时候,五百人院里顿时一片混乱,有些代表朝他大声叫喊:“打倒强盗!打倒暴君!”

一群代表向他涌来,有人拉住他的衣领,有人想扼住他的咽喉,甚至还有人掏出了枪和匕首。

拿破仑在弟弟吕西安和士兵们的护卫下,冲出五百人院。拿破仑意识到必须马上采取果断行动,否则将功亏一篑。最后他决定用暴力解散五百人院。

拿破仑来到聚集在外面的军队面前,高声说:

“现在,阴谋家正聚集在五百人院,他们用手枪和匕首威胁我,实际上是威胁共和国。士兵们,我能够把希望寄托在你们身上吗?”

士兵们犹豫不决,迟迟没有肯定地回答。关键时刻,吕西安急中生智，他从身旁一个军官手中夺过佩剑，对准拿破仑：

“如果我的哥哥是阴谋家，如果他敢于对国家不忠诚，敢于损害法国人民的平等和自由，我发誓将这把剑插进他的胸膛！”

这一招果然见效。士兵们犹豫顿消，他们手握寒光闪闪的刺刀冲进五百人院。代表们吓得四面逃散。有的从门口逃出去，有的跳窗。拿破仑下令把代表们一个个全都抓回来，让他们在寒光闪闪的刺刀威逼下继续开会，通过解散议会的决定。

听到五百人院代表们的遭遇，元老院的代表吓坏了。这天晚上，元老院的代表驯服地通过了建立执政府的法令，把共和国的权力移交给拿破仑、西哀耶斯和富歇·罗迪三位执政官。为免夜长梦多，凌晨2点，三位新的执政官宣誓效忠共和国。

凌晨3点，圣克鲁宫恢复了往日的宁静，空旷的庭院里空无一人。拿破仑乘坐马车回巴黎去。几天来的焦虑和紧张使得拿破仑面容憔悴，疲惫不堪。一路上，他一言未发，车轮碾压马路的辚辚之声听上去格外清脆。

临睡前，他对秘书说：“布里昂，我宁愿对军人说话，也不愿对律师们说话。这些恶棍曾使我害怕。我缺乏议会活动的经验，我会学会的。”

拿破仑明白，从此以后，他拥有的不再只是一支军队，而是一个国家政权，学会如何利用议会使他的意愿合法化，对他来说非常重要。

雾月21日晚，拿破仑迁入卢森堡宫，法国已被他踩在脚下。

阅读思考

① 你认为拿破仑是阴谋家、强盗、罪犯和独裁者吗？

② 歌德说："拿破仑神话般的故事，对我来说像是圣约翰的启示录一样：每个人都觉得其中还隐藏着一些东西，但不知道究竟是什么。"你怎样理解歌德对拿破仑的评价？

第十四章　圣诞夜的爆炸

执政府成立后，西哀耶斯奉命起草新宪法。这位法学家经过10天缜密的思考，制订出了宪法的草案，其中规定：由元老院选出终身大选长。这位大选长年俸600万里弗尔，拥有3000名卫队士兵，居住在凡尔赛宫。这位大选长任命两个执政分别负责战争与和平。他接见外国使者，以他的名义颁布各种法令，他是国家荣誉、权力尊严的唯一代表。宪法草案还规定元老院有权罢免大选长。西哀耶斯用心良苦，想通过这部宪法来防止法国出现独裁政府。

拿破仑对这部宪法草案极为不满。他认为大选长只是徒有虚名。西哀耶斯指责拿破仑想当君主。两个人针锋相对。卢森堡的会议厅连续11个晚上展开对宪法草案的辩论。拿破仑凭着自己年龄、体力和精力的优势，故意把讨论时间延长到深夜，用疲劳来征服他的反对者。最后，筋疲力尽的西哀耶斯终于败给了精力旺盛、不知疲倦的拿破仑，放弃了大选长制。拿破仑把文、武两个执政行使的职权全部归于第一执政。1800 年,这部经过拿破仑修正过的宪法草案交付全民表决,以压倒多数获得通过,拿破仑成为拥有无限权力的第一执政。

宪法通过前夕,西哀耶斯和富歇·罗迪一同辞去执政之职。为了酬谢他们在雾月 18 日政变中的合作,拿破仑安排他们在元老院担任终身元老。

督政府留给拿破仑的是一个烂摊子。而拿破仑又没有治国方面的经验,缺乏许多专门知识。但拿破仑没有被困难吓倒。他善于吸取各方面的知识,广泛听取专家的意见,并能从中找到最正确的答案。他曾对继子欧仁·博阿尔内说过:"当你到了一个不熟悉的城市的时候,你不要闲着,而应该去研究一下这个城市,你怎么知道你将来不会占领这个城市呢?"

拿破仑大刀阔斧地进行地方改革,加强中央集权制。他认为强大的国家必须拥有强大的工业和发达的商业。政府给工业以巨额津贴,建立新企业,举办工业博览会,鼓励机器生产。1800 年 2 月,他在"往来存款银行"和"商业贴现银行"的基础上建立了法兰西银行。这个银行在法国金融和工业生活中发挥了重要作用。为了保护国内商业的发展,拿破仑采取了坚决的关税保护政策,抵制国外商品在国内市场的倾销。在交通运输方面,也有了很大的发展。这一切都加速了法国资本主义的发展。

拿破仑身为第一执政,但他的野心并未得到满足。对他

拿破仑的车队朝那辆装满炸药的马车飞奔而来。突然，一声巨响，一道耀眼的白光闪过，石块、玻璃碎片、砖头、瓦片铺天盖地般溅落，痛苦的叫喊声、呼救声响彻夜空。

名家名言

承受痛苦，比死亡更需要勇气。

名家名言

不会从失败中寻求教训的人通向成功的道路是遥远的。

来说，执政府只不过是迈向君主制的一个步骤。

没过多久，他就嫌卢森堡宫太小，决定搬到法国历代国王的寝宫杜伊勒里宫去。

迁出卢森堡宫的那天，拿破仑得意地对秘书布里昂说："我们终于要睡到杜伊勒里宫去了。我一定要排列仪仗队前往。我们必须铺张一番，老百姓喜欢我们这样。督政府太简朴了，因而没有威信。简朴只适合军队。但在一座大城市里，在一座宫殿里，国家首脑必须用一切可能的办法引人注目。"

下午 1 点，拿破仑离开卢森堡宫，鼓乐队高奏乐曲，3000 名精心挑选的英武士兵迈着整齐划一的步伐行进。将官们骑着高头大马，部长们乘着豪华的马车，拿破仑乘坐在一辆由六匹白马拉曳的马车上，身上佩戴着奥地利皇帝弗兰西斯馈赠他的贵重马刀，沿途卫队列队欢迎，群众的欢呼声不绝于耳。

在成千上万人的欢呼声中，拿破仑正步跨进了杜伊勒里宫的大门。他这一步，同时也跨进了皇帝的梦魇里，使他从一个法国革命的弄潮儿，最终变成一个众叛亲离的皇帝。

轰轰烈烈的法国大革命，就是为了推翻波旁王朝的封建君主专制，建立议会制的民主政体法兰西共和国。而拿破仑却从执政官—第一执政—终身执政—拿破仑皇帝波拿巴一世，一步一步把法兰西重新推回到了君主专制。

国内并不太平，盗贼蜂起，保王党分子四处活动，采取暗杀、恐吓、收买等手段，分化政府，支持波旁王朝复辟。

1800 年 12 月 24 日下午，黄昏时分，一匹老黑马拉着一辆双轮破篷车缓缓穿过巴黎市区的克雷利大街，又走过胜利广场，最后到达圣·尼凯斯大街，在这儿可以看到富丽堂皇的杜伊勒里宫。赶车的三个人都穿着蓝色的罩衫，一副鬼鬼祟祟的样子。

这三个人将马车停放在一个阴暗的角落里，随即开始精心布置一项暗杀拿破仑的阴谋。他们在车篷里放了满满一桶火药，然后给了一个小女孩一个铜板，嘱咐她把马车横在大街上，牵好马不要让它移动。

这天是圣诞节的前夜，海顿的大型圣乐《创世》首次在歌剧院公演。拿破仑酷爱音乐，准备同约瑟芬前往剧院观看演出。晚上 8 点，夜幕降临，拿破仑的车队从杜伊勒里宫出发了。武威整齐的卫队走在最前面，后面的马车里坐着第一执政拿破仑和他的三个将军，最后面是约瑟芬的马车，因为出门前梳妆打扮耽搁不少时间，她与拿破仑之间拉开了一段距离。

圣·凯尼斯大街顿时沸腾起来，行人们停下脚步，临街的窗户一扇扇打开，人们纷纷探出头来，呼喊："拿破仑万岁！""第一执政万岁！"

拿破仑的车队朝那辆装满炸药的马车飞奔而来。突然，一声巨响，一道耀眼的白光闪过，石块、玻璃碎片、砖头、瓦片铺天盖地般溅落，痛苦的叫喊声、呼救声响彻夜空。看热闹的人们被炸得血肉模糊，看守马车的小女孩被炸成了碎片。

炸药正好是在拿破仑和约瑟芬的马车之间爆炸的，拿破仑毫发无损，只有跟约瑟芬坐在同一辆马车里的约瑟芬的女儿奥斯坦的手被飞溅的玻璃碎片划伤了一点儿。

车队和仪仗队停下来，大家脸上惶恐不安，等候拿破仑的命令。拿破仑平静地说："走，去歌剧院。"

在歌剧院，拿破仑坐在包厢里，像平时那样安详平静，仿佛什么事情也没有发生过。

警察大臣富歇急忙赶到他的身边，想听听他有什么吩咐，拿破仑说：

"那些恶棍，竟想炸死我。拿圣乐说明书和节目单给我。"

这天晚上的爆炸使 8 个人当场死去，60 多个人受了伤，其中 20 个人后来也因抢救无效丧了命。在此之前，警方已破获的暗杀第一执政的案件就已达 30 件以上。这些暗杀活动大多数是保王党分子所为。

拿破仑从来都是以牙还牙的。"波旁王室以为我不会对他们的谋杀活动进行报复，那他们就错了！"拿破仑大吼。

为了收到杀一儆百的效果，拿破仑要寻找一个对波旁王室有重要影响的人物来进行报复，为达到目的，拿破仑不择手段地诬陷当甘公爵，让他当替罪羊。

波旁王朝被推翻后，当甘公爵作为王室后裔、波旁亲王，居住在中立国巴登，并接受英国的资助。他是波旁王室的重要成员。

1804 年 3 月 14 日晚，一队法国宪兵闯进巴登，包围了当甘公爵的住宅，并将其逮捕，连夜押往法国。3 月 20 日，当甘公爵被押至文森斯特城堡,交由军事法庭连夜审判,罪名是他参与了谋杀拿破仑的阴谋。当甘公爵承认自己确实希望看到拿破仑政权的覆灭,但他坚决否认参与了谋杀拿破仑的阴谋。尽管法庭毫无证据证明当甘公爵参与了任何阴谋活动,他还是于当晚深夜 2 点 45 分被判处死刑。连军事法庭的庭长于兰将军都觉得这样的判决太过荒唐,他给拿破仑写了一封信,请求给当甘公爵减轻判刑,但遭到了拿破仑从杜伊勒里宫派来监督审判的特派员的拒绝,特派员对于兰将军说:"你的事情已经做完了,接下来的事情交给我来办。"凌晨 3 点,当甘公爵被拖至文森斯特战壕,在那儿结束了生命。

当甘公爵的无辜死去震惊了巴黎。拿破仑的恐怖手段令人惊骇,他性格中残暴的一面暴露无遗。他自己不无得意地说:"我有时是狐狸,有时是狮子,进行统治的全部秘密在于知道什么时候应该是前者,什么时候应该是后者。"

当甘公爵的死激发了君主制的欧洲对法兰西共和国的极大仇恨,加速了新的反法联盟的建立。

阅读思考

① 宪法草案的辩论会中,拿破仑采取了什么战术使自己成为拥有无限权力的第一执政?

② 拿破仑说自己进行统治的全部秘密在于知道什么时候应该是狐狸,什么时候应该是狮子,你认为"狐狸"和"狮子"分别蕴含什么样的含义?

第十五章 自我加冕

拿破仑在卢森堡宫宣布就职时，法国还处在第二次反法联盟的包围中。拿破仑深知，一个新政府在旧政府的废墟上建立时，如果国家处于战争状态，那么笼络人心的最好手段是提出和平的前景。所以，尽管拿破仑内心坚信最终只有战争才能解决问题，但他表现出来的是一副和平的面孔。他一上台，便急忙向英国、奥地利和俄国的君主提出建议，尽快停止军事行动，缔结和约。但是拿破仑的建议遭到了英国和奥地利的拒绝。因为这时奥地利在军事上处于优势，又一次成了意大利的主人并企图从意大利发动对法国的进攻。

法军在意大利被奥军打得节节败退，处境危险。拿破仑决定亲临意大利前线指挥战斗，把法国在意大利丢失的领地重新夺回来。为了防止反法联盟的间谍知道他的去向，也为了防止极不稳定的新政府趁他远离巴黎时发生政变，他没有向任何人透露自己外出的目的。临行前他对另外两位执政和各位部长说:“我外出视察几天,随时都会回来。”

1800年5月6日凌晨,拿破仑从巴黎出发。5月13日,他到达瑞士洛桑,决心再次带领大军冒险翻越阿尔卑斯山进入意大利。为了使敌人摸不清行军的目的,拿破仑命令军队分成四路,从不同的山口翻越阿尔卑斯,到意大利境内会合。

法军翻过阿尔卑斯山、进入皮埃蒙特平原后,6月14日,在马伦哥和奥军主将梅拉斯苦战。最终虽然法军反败为胜,夺回了马伦哥,但伤亡惨重。拿破仑不仅损失了6000名士兵,还损失了一员大将——狭舍将军。拿破仑对狭舍将军的死深感悲痛,他含泪说:“法国失去了一位最优秀的卫士,我失去了一位最好的朋友。”

6月17日,拿破仑进驻米兰。米兰人民欢呼拿破仑为自己的救星,感谢他把米兰从奥地利的枷锁下解放出来。

6月24日,拿破仑从米兰出发,返回法国。所到之处,万众云集,欢声震天。沿途每个城镇的入口处都竖立起了凯旋门,颂扬第一执政的功绩。拿破仑很是得意,对秘书布里昂说:“我在不到两年的时间里攻占了开罗、巴黎和米兰,再打几次这样的胜仗,我就可以留名后世子孙了。”

马伦哥战役后,拿破仑希望欧洲能够实现和平。这不仅符合国家的利益,也符合他个人的利益。经过8年的战争,法国人民已经厌恶打仗,拿破仑刚刚执政半年,他的地位还不稳固。再加上连年战争使得国库空虚,财政恶化,拿破仑决定用外交手段来寻求与欧洲各国的和平。

1802年3月27日,法国在东北部的亚眠与欧洲各国代表签订了《亚眠和约》,《亚眠和约》虽然只是一项停战 14 个月的条约,但它巩固了拿破仑的权力,给了拿破仑充裕的时间发展国内的经济,整顿国内秩序。

作为一个科西嘉人,拿破仑像关心自己的权力一样关心家族的荣耀。1800 年,拿破仑上台伊始,就让小妹妹卡罗利娜和骁勇善战的缪拉将军在卢森堡宫举行了婚礼。1802 年 1 月 7 日,约瑟芬的女儿奥坦斯 · 博阿尔内小姐嫁给了拿破仑的小弟弟路易 · 波拿巴。1803 年,拿破仑的大妹妹波利娜嫁给了腰缠万贯的罗马王子卡米罗 · 博格斯。在执政府 6 个薪俸最高的职位中,其中 4 个属于拿破仑的兄弟、继子和姻亲。拿破仑任命大哥约瑟夫为法国驻罗马全权公使,任命大弟弟吕西安为内政部部长。

短暂的和平给法国带来了繁荣和安宁,也给拿破仑排除异己、集中权力提供了机会。

拿破仑成了一位受到普遍颂扬的英雄,为了表彰他的业绩,1801 年 5 月 4 日,法国议会通过了一项让拿破仑的执政任期延长 10 年的决议。然而拿破仑对此并不满意,他的目标是要成为终身执政。他向参议院提出了这一要求,遭到参议院的否决。拿破仑并未恼怒,而是不动声色地说:"交由人民表决吧。我服从人民的意愿。"

1802 年 5 月 10 日,法国议会顺应拿破仑的要求,将是否应该有终身执政的问题交由人民表决,2 个月后,选举结果出来了,300 多万法兰西人民赞成波拿巴荣任终身执政,仅有 8374 人投了反对票。

1802年8月2日,拿破仑如愿以偿,被任命为终身执政。

现在,连感觉最迟钝的人都已经看出来第一执政大权在握,法兰西恢复帝制是迟早的事情。

拿破仑毫不避讳地对秘书布里昂说:"到时候一切自然会来的。最大的困难已经克服,不需要再瞒骗什么人了。人人都看得明明白白,终身执政和帝位之间,只有一步之差。但是,我们必须多加小心。"

其实拿破仑也并非一开始就决心要做法兰西皇帝。他当初领兵征战意大利时,也并没有预料到他会拥有米兰或法国的王冠。是环境迫使他做出建立君主政体的决定的。当他一步一步迈上他人生的舞台,拓展他飞翔的弧度时,他视野之中出现的景色越来越壮丽,他也就登得越来越高。拿破仑有一句座右铭:"一开始就知道自己将去何处的人,是走不远的。"他在人生中时刻体验到了这一点。他总是不失时机地抓住机遇,采取行动。他的这种行动特点使他伟大的英雄业绩蒙上了一层神秘的色彩。他的双眼永远瞩望未来,他的每一次行动总是致力于新的荣誉。因为从童年时代起,亚历山大大帝、恺撒大帝、查理大帝和奥古斯都皇帝等英雄的形象就充满了他的心灵。他把自己生命中不断发生的奇迹,看作是多卷本英雄史册的内容。他现在需要一个今天别人无法拥有的标志,这种标志曾经照耀过欧洲上千年。

"国王的称呼已经被滥用了,让人觉得毫无新意。皇帝的头衔比国王更大些,更令人着迷。"拿破仑说。

他的臣民中有人很快就洞察出了他的心思,并且投其所好。1804 年 4 月 30 日,议员居雷向保民院提出议案,要把执政制共和国转变为帝国,波拿巴晋升为皇帝尊号,拥有世袭权力。保民院通过了这项提案。5 月 3 日,参议员议长康巴塞雷斯率领全体议员前往杜伊勒里宫,向拿破仑宣读请愿书,恳请拿破仑巩固自己的事业,把终身执政一职变为世袭皇帝。

拿破仑喜上眉梢,但还是考虑了一下,才回答道:"这事还应该付诸全民公决才好。"

全民公决的结果是法兰西人民以压倒多数的优势拥护拿破仑为自己的皇帝。

5 月 19 日,拿破仑在杜伊勒里宫举行了登基后第一次盛大的上朝仪式,所有军政要臣前来谒见君主,拿破仑的兄弟姐妹分别被封为亲王和公主,只有吕西安除外,因为拿破仑不同意吕西安娶一个像约瑟芬一样声名狼藉的女人为妻,吕西安却一意孤行,拿破仑一怒之下把他赶出了法国,终身放逐到意大利。

14 名将军擢升为帝国元帅。老牌的警察署署长富歇因为知情太多,被拿破仑除掉,小弟弟路易 · 波拿巴晋升为警察总长,率领巴黎全体将校军官前来谒见皇帝,其规模之宏大、场面之壮观,令人叹为观止。

拿破仑决定在 7 月 14 日这天举行登基庆典,因为这一天是巴黎人们值得自豪和骄傲的日子。15 年前,巴黎人民攻占了封建君主制的堡垒巴士底狱,推翻了波旁王朝,将国王路易十六和皇后送上了断头台。具有讽刺意味的是,15 年后,巴黎人们却以满腔的热情和盛大的仪仗队,欢庆一个新的皇帝登基。

拿破仑宣称,他要像查理大帝那样成为西方的皇帝,他做法兰西皇帝,不是继承法国国王的遗产,而是继承查理大帝的遗产。他想像1000年前查理大帝那样,让罗马教皇亲自参加他即将举行的加冕典礼。不同的是,1000年前,查理大帝是亲自到罗马去让教皇加冕的,而他则要罗马教皇亲自到巴黎来为他加冕。

教皇庇护七世得知拿破仑的这个想法,极为惊恐和气愤。然而去巴黎是不可能拒绝的,因为罗马地处意大利北部,完全在法军掌控之中。

1804年11月2日,教皇庇护七世一行从罗马出发,前往巴黎。12月2日上午,教皇在巴黎圣母院为拿破仑皇帝和约瑟芬皇后加冕。

拿破仑身穿深红色天鹅绒大袍和金搭扣短外套,脚穿高帮皮鞋,盛装出现在翘首以待的观众面前,刹那间欢呼声直冲云霄。

教皇登上祭台,弥撒开始。隆重的仪式持续了很长时间。整个仪式其间,拿破仑不知道是因为时间太长不耐烦,还是因为连日紧张太疲劳,他不停地打哈欠。最后,拿破仑皇帝和约瑟芬皇后走到祭台前,跪在跪凳上,教皇过来为他们加冕。教皇正准备将皇冠戴到拿破仑头上时,谁知拿破仑却自己接过皇冠,背对着教皇和圣坛,面对观众,笔直挺立,自己把皇冠戴在了头上。接着,他又拿起为约瑟芬准备的皇后冠,戴在约瑟芬的头上。瞬息之间一切都办妥了,至高无上的拿破仑心潮澎湃,思绪万千。他想起了自己孤独的童年、少年时代,想起了科西嘉岛和岛上阿雅克肖的石头房子,还想起了自己曾经起伏跌宕的岁月,他扭过头对哥哥约瑟夫说:"约瑟夫,要是爸爸能看到我们今天这个场面,该有多好啊!"

拿破仑的父亲因为英年早逝,无缘拿破仑的加冕典礼,他的母亲拉蒂齐娅却是在拿破仑的加冕典礼前故意离开巴黎前往罗马的,她宁愿和被拿破仑"放逐"的吕西安住在一起,也不愿意参加拿破仑的加冕仪式,母亲用这种方式表明自己对拿破仑放逐吕西安"大有意见"。当后来人们跟她说起皇帝的加冕仪式和庆典多么豪华热闹时,这位母亲只说了一句话:"但愿这一切能够长久!"

加冕典礼的第二天,拿破仑在马斯广场检阅巴黎的部队。皇帝一身戎装,坐在雄伟庄严的宝座上。随即一声令下,各路纵队都向宝座靠拢,拿破仑起立,下令分发鹰旗,以取代共和国的国旗。拿破仑说:

"士兵们,这些鹰旗永远是你们集合的地点,鹰旗永远在你们的皇帝认为保卫他的宝座和他的子民所必需的地方。誓为保卫鹰旗而牺牲生命吧!誓为能够永远把鹰旗保持在胜利的道路上而鼓起勇气吧!"军队中欢声雷动。士兵们举着枪,向这位新皇帝欢呼,拿破仑激动万分。

拿破仑亲自选定帝国的图案:一只金色的蜜蜂,象征着实干。

帝国玉玺的图案和帝国旗帜一样，都是一只展翅飞翔的雄鹰。

1804 年，法国除了拿破仑加冕以外，还有一件值得庆贺的事是《拿破仑法典》的正式颁行。《拿破仑法典》是民法、民事诉讼法、商业法、刑法和刑事诉讼法的总称。早在 1800 年 8 月就由拿破仑任命的民法起草委员会开始编纂，直到 1803 年才完成，1804 年陆续公布施行。《拿破仑法典》确认了私有财产的不可侵犯、法律面前人人平等、男女都有同等继承权等原则，对后世欧美国家的立法产生了深远的影响。拿破仑很欣赏这部法典，他在圣赫勒拿岛的回忆录中说："我真正的光荣并非打了 40 次胜仗，滑铁卢一战抹去了关于这一切胜利的记忆。但有一样东西是不会被人忘却的，它是永垂不朽的，那就是我的法典。"

阅读思考

① 从崇高到可笑，仅一步之遥。拿破仑曾经的战友、后来的对头贝尔纳多特说："拿破仑并不是被世人征服的，他比我们所有人都伟大。但上帝之所以惩罚他是因为他只相信自己的才智……"你怎样理解这句话？

② 拿破仑选定帝国旗帜的图案是一只展翅飞翔的雄鹰，你知道这有什么样的寓意吗？你知道中国的国旗图案有什么样的寓意吗？

第十六章　奥斯特里茨战役

成为法兰西皇帝后不久，拿破仑又在米兰大教堂加冕为意大利国王。1805 年 5 月 26 日，拿破仑从米兰大主教手中接过古老的伦巴第诸王的铁王冠，戴在自己的头上。14 天后，他派自己的继子欧仁 · 博阿尔内为副王，代理他主持意大利政务，自己则心急如焚如赶回巴黎。因为他得知奥地利已经秘密同俄国和英国结盟，第三次反法联盟正式成立。欧洲的形势十分危急。

拿破仑一直梦想能挥师北上，打过英吉利海峡，给英国人以重创。但拿破仑是炮兵出身，以往在意大利和埃及也都是指挥陆军作战，对于海战他几乎一窍不通。1804 年 7 月，他不顾天气恶劣，对在布伦的海军盲目下达渡海演习的命令，结果导致了 30 艘炮艇沉没、400 多名水手和士兵溺水身亡。面对这样惨重的后果，拿破仑不仅不反省，当即还将反对他进行演习的海军舰队司令撤职，下令他 24 小时内必须离开法国,去荷兰报到。

1803 年到 1805 年,拿破仑耗费大量的人力财力,加强海上备战,先后制订了五个海军攻战方略,企图入侵英国,但没有哪个高级将领支持他。

1805 年夏天,英国《泰晤士报》上刊登了一首仿照莎士比亚名著《哈姆雷特》中王子的独白写的打油诗,讽刺拿破仑:

入侵还是不入侵
这是一个值得考虑的问题
是默默忍受英伦三岛射来的毒箭
还是挺身率领我的部队打过彼岸
结束这无涯的苦难
进攻—粉碎他们—入侵—战斗
战斗,我就完了,法国的光荣
万民的祝愿就全完啦
这不正中英国人的下怀
战斗——等于宣布失败
哼,障碍就在这里
因为当我们失败时
将是一场怎样的噩梦……

1805 年 8 月 11 日,在拿破仑连续 8 道命令的胁迫下,维也纳夫被迫率领法兰西联合舰队奉命驶往布雷斯特港,准备打击英国海军。途中,维也纳夫接到情报:英国舰队正在前方拦截。维也纳夫命令舰队停止前进,退往西班牙加的斯港暂避,但为时已晚,加的斯港已被英国海军团团包围。10 月

21 日,英国海军在特拉法加海域摧毁了法兰西联合舰队。

在这次海战中,英国海军上将纳尔逊将军阵亡,维也纳夫被俘。拿破仑连续 29 个月的海峡备战化为乌有。

拿破仑大怒,率领大军扑向奥地利,决定把特拉法加海战的损失从奥地利夺回来。

此时,俄皇亚历山大一世已成功说服普鲁士国王弗里德里希·威廉三世加入反法同盟。普鲁士国王虽然同意加入联盟,但为了自身的利益,他采取了观望的姿态,答应将以武力为后盾进行调停,限法军一个月内撤出奥地利,否则,普鲁士将对法国宣战。

普鲁士给拿破仑提出的最后期限是 12 月 15 日,与此同时,十多万普鲁士军队已经开始向南部边界集中。拿破仑意识到了形势的严峻,一旦普鲁士参战,法军将受到俄、普、奥三国军队的围攻。拿破仑当机立断,决心在普鲁士参战之前先抢占维也纳,切断俄军在莱茵河一线的退路,在奥地利查理大公的军队赶到之前,消灭俄军。

当拿破仑部署军队准备围攻俄军时,俄军统率库图佐夫觉察了拿破仑的意图,指挥俄军迅速撤离莱茵防线。拿破仑只得重新部署兵力,命令骑兵第四、第五军立即从维也纳出发,北渡多瑙河追击俄军。

俄军退到了奥洛穆茨,从俄国本土开来的另一支俄军,在俄国皇帝亚历山大一世的亲自督领下,也赶到了此地,同时,从维也纳出逃的奥皇弗兰西斯也随撤退的奥军到达了该城。俄奥联军暂时停止撤退,在奥洛穆茨附近占领了易守难攻的阵地。

这时,俄奥联军总司令部出现了严重的意见分歧。以联军总司令库图佐夫为首的大部分将领认为,在奥洛穆茨的90000联军远不是拿破仑100000大军的对手,主张继续撤退,拖延时间,等普鲁士军队投入战争后,再以压倒优势反攻法军。库图佐夫的建议遭到了俄皇亚历山大一世的坚决反对。亚历山大皇帝对军事问题一窍不通,对拿破仑的军事才能更是一无所知,但他虚荣心极强,在他看来,让他带领如此庞大的一支军队,却为了要躲避拿破仑,得在这个贫穷多山的国家里藏藏躲躲半个月,实在是太可耻了。他认为法军长途跋涉,连续作战,已是强弩之末,联军应该趁这个机会与拿破仑进行大会战。

拿破仑听说了亚历山大的主张,欣喜若狂。他决定要一个小小的花招,让联军坚定会战的决心。

拿破仑像演员一样,竭力把自己装扮成一个惊慌失措、害怕会战的人。他命令前哨开始撤退,派侍从武官去见亚历山大皇帝,建议休战媾和,并请求俄皇单独与自己会面。俄皇信以为真,他冷冷地拒绝了拿破仑的会晤要求,只派自己的侍卫长道戈路柯夫公爵前往法国大本营进行象征性的谈判。在道戈路柯夫公爵面前,拿破仑继续进行天才的表演,他一副忧伤不安的表情,但最终还是拒绝了俄方让他放弃意大利的条件。这个拒绝恰到好处,让俄方坚信拿破仑已经被打得筋疲力尽,快要招架不住了,但还在负隅顽抗。联军必须趁此机会击败法军,不能放过拿破仑。

法兰西共和国的旗帜和玉玺。

名家名言

中国是一只睡狮，一旦它醒来，整个世界都会为之颤抖！

名家名言

想得好是聪明，计划得好更聪明，做得好是最聪明又是最好。

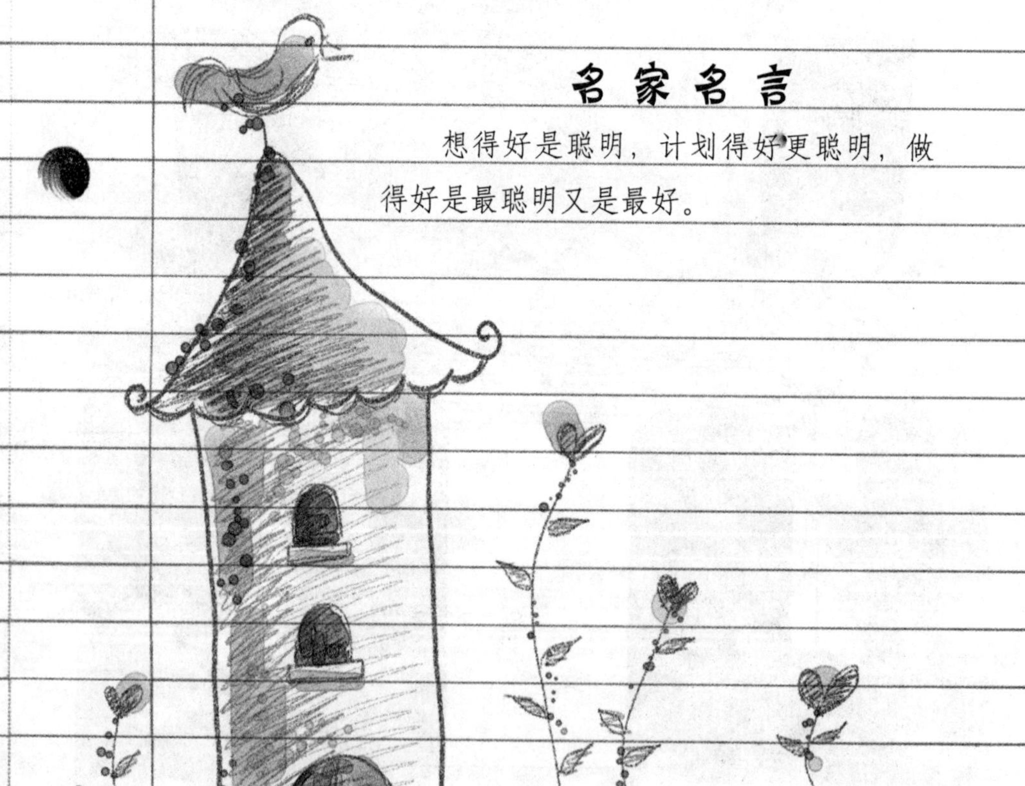

会战前夕,拿破仑骑着马沿前线视察。明天就是他加冕一周年的日子,士兵们群情激昂,决心要夺取敌人的军旗和大炮来庆祝皇帝的加冕纪念日。他们点燃火把在空中晃动,围着拿破仑欢呼。无数火把把夜空照得如同白昼般明亮。这就是有名的"奥斯特里茨营火"。远处的奥军见到这些舞动的营火,还以为拿破仑的部队正在连夜撤退。

12 月 2 日,拿破仑战争史上最著名、最辉煌的一次战役打响了。这一天,在奥斯特里茨村以西、维也纳以北 120 千米的丘陵地带普拉岑高地周围,俄国、奥国和法国三国皇帝展开了一场血腥的大会战,因而奥斯特里茨战役又称"三皇会战"。

拂晓时分,俄奥联军分成 6 路纵队,开始进攻。

上午 7 点 30 分,浓雾散去,一轮红日喷薄而出,73000 名决心以死效忠的法国士兵在奥斯特里茨太阳的照耀下,早已准备就绪,严阵以待。

拿破仑从指挥所里看到普拉岑中央高地几乎没有俄军防守,他立刻意识到敌人为了从左右侧翼围攻,放弃了中央高地。敌军的这个错误是致命的。拿破仑当即命令由两个师首先抢占普拉岑中央高地,从而将敌人切成两段。俄国皇帝、联军总司令库图佐夫以及联军司令部被切断在纵队的后面,因而失去了对整个联军的指挥和控制。

不到四小时,俄奥联军就被打得落花流水。奥皇弗兰西斯和俄皇亚历山大慌忙逃窜,他们的侍从只顾自己逃命,把两个皇帝丢在半路上。亚历山大像得了疟疾一样全身发抖,他已经顾不得皇帝的尊严,完全不能控制自己,号啕大哭。

库图佐夫在激战中受了伤,差点成了俘虏。

这一仗,俄奥联军死伤 27000 人,损失火炮 155 门,炮兵几乎全部被消灭。俄奥联军事实上已不复存在。

第二天,奥皇弗兰西斯二世派使者前来请求与拿破仑会晤,拿破仑立即同意了这项请求。12 月 4 日,拿破仑和奥皇在距奥斯特里茨 3 千米的一座磨坊里会面,商议缔结和约。12 月 6 日,法奥两国签订停战协定,12 月 26 日,签订《普莱斯堡和约》。这一和约正式结束了第三次反法联盟。

奥斯特里茨会战结束后不久,拿破仑的继子、意大利副王欧仁·博阿尔内迎娶巴伐利亚国王的长女为妻。拿破仑同时宣布,若他身后没有子嗣,意大利王位将传给欧仁。

拿破仑在离开奥地利之前,还惩罚了那不勒斯王国。那不勒斯王国本应该保持中立,但在得知法国在特拉法加海战中失败后,那不勒斯国王竟然欣喜若狂,向英国和俄国开放了各个港口,接纳了 12000 名俄军和 8000 名英军。

法军占领了那不勒斯,拿破仑任命哥哥约瑟夫为那不勒斯王。那不勒斯王室成员在英国舰队的保护下仓皇逃往西西里岛。

普鲁士看到拿破仑的权力已深入德意志的心脏,直接威胁到普鲁士领土的完整,反法情绪日益高涨。1806 年 7 月 26 日,普鲁士和俄国就对法国作战问题达成秘密协议:一旦普法战争爆发,俄国则用武力援助普鲁士。英国也极力怂恿普鲁士对法作战,并保证提供大量英镑的支持。这样,以俄普为中心、英国提供经费的第四次反法联盟又开始形成。

普鲁士的官兵们热血沸腾、磨刀霍霍，决心要教训教训拿破仑这个飞扬跋扈的科西嘉穷小子。

普鲁士的军队曾经在腓特烈大帝时名震一时，他们对自己军队的威力至今深信不疑，相信只要普鲁士一出兵，拿破仑就会一败涂地。然而他们却忽略了一个事实，那就是如今已不是腓特烈大帝的时代，普军的后勤、武器装备却大都停留在50年前腓特烈大帝时的水平。其战术思想也仍然固守传统的“线式战术”，僵硬的队形、迟缓的动作和有顺序的排枪射击仍被认为是战无不胜的。普军的将军也都是腓特烈时代的老将，顽固保守，又讲究排场，年代有才干的人根本没有机会得到提升。普鲁士军队对法国大革命后发展起来的拿破仑的法军毫不了解。这支军队像他们的皇帝那样血气方刚，精力充沛。任何一个籍籍无名的小兵，在三次战役后就可能被擢升为上校，前程似锦。在战争中，法军讲究的是实效，采用的是机动、灵活和弹性的战术。所有这一切，从一开始就决定了这场大战的胜负。

最后，在短短一个月的时间里，作为欧洲四大国之一的普鲁士就消失了。

10月15日，拿破仑随同四位元帅领军进驻柏林，柏林市市长把首都的钥匙毕恭毕敬地交给拿破仑，请求他赦免柏林。拿破仑下令商店继续营业，生活照常进行。柏林市民怀着恐惧和尊敬的心情迎接拿破仑，表现出绝对的服从。

拿破仑来到柏林广场，向腓特烈大帝的半身塑像脱帽致敬。在普鲁士王宫,拿破仑找到了腓特烈大帝的宝剑、颈甲、勋位绶带和闹钟,他让人把这些东西带回巴黎,交荣军院保存。拿破仑还把腓特烈大帝为纪念法国人在罗斯巴赫的失败而建立的纪念圆柱运回了巴黎。他把这些东西作为今天法国的胜利和为罗斯巴赫失败复仇的象征。

普鲁士的失败使整个欧洲为之震惊,德意志各小国惊恐万状,纷纷跪拜在拿破仑脚下,请求保护。拿破仑陶醉在胜利之中,似乎整个世界已经踩在他的脚下。

阅读思考

① 对海战一窍不通的拿破仑不顾天气恶劣,对在布伦的海军盲目下达渡海演习的命令,结果导致30艘炮艇沉没,400多名水手和士兵溺水身亡,从中可以看出拿破仑怎样的性格特点?

② 奥斯特里茨战役是战争史上最著名的战役之一,查阅资料多了解一点。

第十七章　第一声丧钟

英国为了自身的利益，信守了战前对普鲁士的承诺。他以经济为援助，要求俄国出兵攻打法国，拯救普鲁士。俄国也急于报奥斯特里茨失败之仇，15 万大军开进波兰，气势汹汹朝法军扑去。普鲁士国王受到鼓舞，立刻下诏整顿军队，拿起武器再战拿破仑，以雪国耻。拿破仑也不示弱，立即调集 14 万大军，向东挺进，迎战俄军和普军。

波兰在 1795 年第三次被奥地利、普鲁士和俄国瓜分后，人民一直渴望摆脱压迫、争取独立。拿破仑积极开展外交活动，利用波兰人民的独立情绪建立了一支波兰军队。他号召波兰人民拿起武器，与法军并肩作战，并且许诺支持波兰实现独立。波兰人积极响应拿破仑的号召，迅速组织了一支 30000 人的军队。

1806 年 11 月，法军开进波兰，受到波兰人民的热情欢迎。

拿破仑原计划在冬天打败俄军，结束战争，事实上这场战争的艰难和残酷远远超出了拿破仑的想象。大批法军远离本土数千里，粮食和装备匮乏，加上气候恶劣，损失惨重。拿破仑只能尽一切努力克服困难，激励士兵们在艰苦的环境下勇敢作战。

他在给哥哥约瑟夫的信中写道：

"在15天中，我没有脱过一次鞋，我们生活在雪和污泥之中，作战通常是进行血刃战，或者冒着枪林弹雨。受伤的人被放在雪橇里，运到50里路以外……我们尽力作战，也受尽了战争的折磨。"

1807年6月14日，法军在弗里德兰大败俄军，俄军损失了15000人。最后时刻，俄皇亚历山大一世决定放弃普鲁士，和拿破仑缔结和约。

6月22日，亚历山大派洛巴诺夫公爵去见拿破仑，拿破仑走到一张地图前，指着维斯瓦河说："这就是两个帝国的边界。在边界的这一边应由你的君主统治，另一边则由我统治。"洛巴诺夫立刻心领神会：拿破仑已打算把普鲁士消灭掉，而且还要瓜分波兰。

1807年6月25日，俄皇亚历山大一世和法国皇帝拿破仑在提尔西特举行了第一次会见。

为了使亚历山大皇帝不必走到法军所占领的涅曼河岸，而拿破仑也不必走到俄国的涅曼河岸，拿破仑下令在河中央安置了一排大木筏，木筏上构筑了一间装饰华丽的房屋，两边各有一道门通向室内。屋顶上高踞两只风信鸡，一只代表俄罗斯之鹰，一只代表法兰西之鹰。在法军占领的岸边，排列着拿破仑的全部近卫队，在俄国岸边，站立着亚历山大的侍从人员。

在礼炮的轰鸣声中，两国皇帝同时出现在岸边，两国皇帝同时上船，热烈拥抱。随后，他们屏退左右，进入房间，开始密谈。分手时，双方都表现出了亲善和信任的表情，人们已经看不出这两人是多年针锋相对的敌人和对手，倒更像是在游乐会上相逢的老朋友。

拿破仑与亚历山大长达两小时的会谈急坏了等在岸边的普鲁士国王弗里德里希·威廉，战斗已停，国土被占，威廉显得万分伤感，他唯一的希望寄托在战胜者的宽宏大度上。他等在岸边，希望拿破仑也召他去，可是拿破仑一直没有理他。直到第二天，拿破仑才带着十分鄙视的神情会见了他。分别的时候，拿破仑邀请亚历山大共进午餐，对威廉却理都不理。

经过两个星期的会谈，拿破仑分别同俄国和普鲁士签订了《提尔西特和约》。和约对普鲁士极为苛刻，普鲁士仅仅留下了旧普鲁士、波美拉尼亚、勃兰登堡和西里西亚四个省，其余均被割去。易北河以北的全部普鲁士领土都划入了新成立的威斯特法利亚王国，拿破仑任命最小的弟弟热罗姆为该国的国王。普鲁士完全失去了强国的地位，成为德意志的一个小邦。

和约对俄国却极为宽容。俄国不仅没有失去领土，还得到了前盟国普鲁士瓜分的波兰领土，并获得在瑞典和土耳其的行动权。根据和约,亚历山大承认拿破仑的兄弟约瑟夫为那不勒斯王、路易为荷兰王、热罗姆为威斯特法利亚王,承认拿破仑对爱奥尼亚群岛7个岛屿的主权。

《提尔西特和约》宣告了第四次反法同盟的彻底失败。拿破仑许诺给波兰人民的独立和自由早已被他抛在了脑后。他已经上升到了欧洲大陆独裁者的地位,处于权力的巅峰。

他的个人专制越来越明显,对已被法国革命推翻的贵族制度的兴趣越来越浓厚。1807年8月19日,他以"保民院中有一种使法国不安定的民主精神"为罪名,取消了保民院。元老院完全掌握在他的手中,因为依据他制定的规则,他个人就有权力任命80名新元老。立法院名存实亡。

接着,拿破仑规定了新的贵族制度,他的文武官员都享有贵族权力,并且可以由长子继承。

拿破仑沉醉在巨大的成功之中,他深信世界就像一副钢琴的键盘,他可以在上面随心所欲地弹奏狂想曲。他决定把战争扩展到伊比利亚半岛,先征服葡萄牙,再征服西班牙。

1807年10月22日,拿破仑向葡萄牙宣战。葡萄牙王室惊慌失措,急忙向英国寻求保护。

西班牙国内一片混乱,国王、王后、王子和大臣之间钩心斗角。1808年4月30日,拿破仑利用王室内部的矛盾,以调停为名把王室全体成员骗到巴荣纳,逼迫西班牙国王和王子放弃王位,随即任命自己的哥哥约瑟夫为西班牙王,大舅缪拉接替约瑟夫为那不勒斯国王。

拿破仑不费一兵一卒就占领了西班牙,他正在自鸣得意之际,西班牙国内反抗法国入侵者的人民武装斗争风起云涌,给拿破仑的王朝敲响了第一声丧钟。

拿破仑并不把人民起义和武装斗争放在眼里,因为展现在他眼前的是手拿砍刀的农民,衣服破烂、手拿猎枪的牧民和举着铁棍、长剑的城市手工业者。拿破仑轻蔑地称他们为“流氓”。他是欧洲的主宰,曾把拥有炮队、骑兵、元帅和皇帝的奥地利、普鲁士、俄国打得大败而逃,难道他还怕这些流氓吗?拿破仑万万没有想到,正是这些流氓,最先充当了他的大帝国的掘墓人。

西班牙人民的反法斗争尽管遭到了法军的残酷镇压,但西班牙人民只要一息尚存,就不会放弃抵抗。法军几乎天天都遭到西班牙人的疯狂报复。

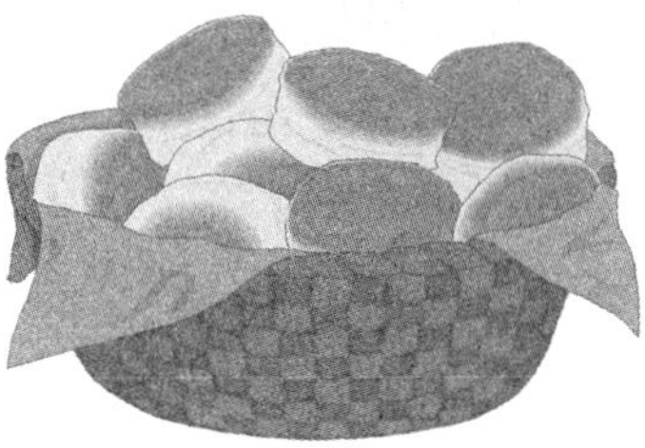

一次,法军进入一个村庄寻找食物,在一位年轻妇女的家中找到了一些食品。饥饿的士兵想吃这些食物,又怕食物被下了毒,就命令这位年轻妇女先吃,她毫不犹豫地吃了。法军还不放心,又命令她将这些食物喂给她的孩子吃,她也立即照办了。士兵们这才放心,开始狼吞虎咽剩下的食物。可是没过多久,毒性发作,这位年轻妇女和她的孩子,还有法国士兵们全部痛苦地死去了。

面对如火如荼的西班牙抵抗运动,法军陷入了困境,不到10天,新国王约瑟夫就收拾行装,逃离了马德里。法军战无不胜的神话被打破了。

1808年8月8日,阿瑟·韦尔斯利爵士率领英国军队在蒙德戈湾成功登陆,挺进里斯本。法国军队节节败退。8月30日,法军全部撤出葡萄牙。葡萄牙从法军的统治下解放出来了,英国在伊比利亚半岛获得了永久的立足点。

法军在伊比利亚半岛的失利让拿破仑勃然大怒。他决定亲自率领一支军队翻越比利牛斯山,扫平伊比利亚半岛。他新征召了8万新兵,并将20万久经考验的老兵从德意志和意大利方面抽调出来增援西班牙。10月26日,拿破仑离开巴黎前往西班牙,整个战争机器疯狂运转起来。

1809年1月3日,拿破仑得到消息:奥地利将在春天向法军发动进攻。拿破仑不得不离开西班牙,火速回转巴黎。然而西班牙的战争远没有结束。英勇无畏的西班牙人民拖住了拿破仑的30万精锐部队。拿破仑进攻伊比利亚半岛犯了兵家之大忌——两面作战,他从此不得不承受由于自己的野心所造成的沉重负担。

阅读思考

① 在一段时间里,拿破仑的力量强大到连上帝对他也无能为力,但他的野心太大了,最终他自己成为自己野心的牺牲品。请以“野心”为主题,写一段关于拿破仑的评价。

② 从本章内容中,你认为拿破仑身上有哪些值得你学习的地方吗?

第十八章　年轻的日耳曼刺客

奥地利于1805年奥斯特里茨战败后，一心不忘复仇雪耻。经过几年的军事改革，奥地利的军事力量逐渐恢复。看到拿破仑忙于西班牙战争，奥地利便蠢蠢欲动，1809年4月9日，奥地利毅然决定宣战。

拿破仑从未经历过如此危险的军事情况：他的30万精锐部队被牵制在西班牙战场上，他不得不提前在法国征召新兵，同时又从占领的德意志各小国强迫征集10万兵力，来补充他的军队，部队的质量因此下降了不少。奥地利则集结了自己的全部力量，他们同心同德，立志要把拿破仑打垮。不过，拿破仑仍然对胜利充满了信心。他所喜欢的诗人奥西安喜欢向暴风雨拨动竖琴，拿破仑同样需要政治的风暴和敌对的因素来表现他非凡的才能。

战斗开始，拿破仑像以往一样，总是身先士卒。他的脚被炮弹打伤了,他脱下靴子,包扎好后又重新骑在马上,而且严禁任何人谈论他受伤的事情,以免扰乱军心。5 天当中,拿破仑赢得了 5 次血战的胜利。

5 月 10 日,拿破仑抵达维也纳市郊,下令炮轰维也纳。维也纳顿时一片火海。连耳聋的贝多芬都无法在隆隆的炮声中得到片刻工作的安宁。贝多芬写道:“多么可怕的破坏,我所看到的生活秩序和我周围的一切全部被打乱了,除了战鼓、炮火和人类悲惨的呼喊之外,没有别的声音……”贝多芬 1802 至 1805 年间曾热情支持拿破仑,他的第三交响曲原名《献给拿破仑》,现在他愤然将其改名为《英雄交响曲》。

5 月 13 日,维也纳的大门终于被拿破仑的大炮轰开了,市长将维也纳的钥匙恭恭敬敬地呈献给了法国皇帝。

奥军虽然在几次血战中连连败北,却未受到致命打击,他们在总司令查理大公的指挥下,有秩序地撤到多瑙河左岸,炸掉了河上的所有桥梁,准备与拿破仑做旷日持久的周旋。

拿破仑决心渡过河去,寻求与奥军决战的机会。

拿破仑将渡河的地点选在维也纳东南部的凯撒埃比尔多夫,这儿河床较宽,河中央还有一个较大的岛——罗堡岛,岛上树木丛生,可以掩护部队渡河。5 月 21 日,法军用 68 条大船和 9 个大木筏在多瑙河右岸和罗堡岛之间架了一座坚固的浮桥,开始渡河。守候在多瑙河对岸的查理大公以逸待劳,亲自率领 9 万人马,准备围歼率先渡过多瑙河的 3 万法军。法军背水一战,伤亡十分惨重。

当天晚上,法军利用夜色掩护,继续渡河。天亮时,北岸法军已增至7万,奥军的防线被突破了。

可是就在这时,多瑙河洪水泛滥,冲毁了多瑙河右岸和罗堡岛之间的浮桥,拿破仑的后备军和物资被困在多瑙河右岸,无法投入战斗和向左岸增援。拿破仑不得不下令全军退守罗堡岛。

查理大公自然不会放过这个天赐的良机,趁势跟进,对罗堡岛和左岸的舟桥交叉射击。法军且战且退,伤亡惨重。拉纳元帅看到尸横遍野,好友普泽将军战死在他的身边,不禁悲从中来,盘腿坐在沟沿上,捂住眼睛大哭:"噢,多么可怕的景象!"这时,一颗炸弹落在拉纳元帅的腿边,拉纳元帅的双腿顿时被炸飞了。

拉纳元帅在生死线上挣扎了8天,最后死去。这8天中,拿破仑每天都到帐篷里来看他,握着他的手,一边流泪一边坚持说:"你会活下去的,我的朋友,你会活下去的!"

拉纳是拿破仑唯一能推心置腹、坦诚相见的朋友。拉纳知道自己伤势严重,已无生还的希望,临终前他对拿破仑说:"我最后要向您说些充满友情的逆耳话,您刚刚做了一件很大的错事,尽管这个错误夺走了您最好的朋友的性命,您也不会改过,因为您欲壑难填。这种欲望会使您失败的。您被阿谀献媚者包围,我看不到哪个朋友能向您直言相谏。人们将背叛您,遗弃您。尽快结束这场战争吧,这是民意和众望……"

说完这些话,拉纳便与世长辞了,年仅40岁。

拉纳之死虽然让拿破仑痛苦不已,但没有动摇他将战争打下去的决心。为了表明坚守罗堡岛的决心,他将这个岛更名为"拿破仑岛",并且紧急调动驻意大利的法军赶赴奥地利增援。

此时的法兰西已经一片风声鹤唳,父母们为年复一年消失的年轻人痛哭,不愿再送年轻的儿子上战场。军官们也厌倦了战争,高级将领之间更是明争暗斗,甚至在战场上也彼此观望、相互掣肘。

现在不再是法国人民在进行战争,而是拿破仑一个人在进行战争。但因为他是皇帝,他的权力没有人能够制约,只能由他一意孤行。

但拿破仑最终赢得了罗堡岛战役的胜利。不久之后,他在瓦格拉姆彻底打败了奥地利军队,再一次迫使奥皇弗兰西斯停战求和。

7 月 11 日,拿破仑接受了奥皇的休战请求。双方代表在维也纳的美泉宫开始谈判。拿破仑提出了极为苛刻的条件。奥地利不甘心做出如此巨大的牺牲,与拿破仑讨价还价。谈判一天天拖延,结局越来越遥远。

这时发生了一件意想不到的事情。

每天清晨 6 点,拿破仑都会在美泉宫前的广场上阅兵,每逢这个时候,总会有许多人前来一睹拿破仑的风采。1809 年 10 月 13 日这天,阅兵仪式刚要结束,一位穿着整齐的年轻人穿过人群,径直朝骑在马上的拿破仑走去。贝尔蒂埃觉得这位年轻人形迹可疑,立即示意近卫军官冲上前去将这位年轻人逮捕。结果从这位年轻人的身上搜出了一把大餐刀。

检阅完毕后,拿破仑命人将刺客带到面前。这个年轻人只有 19 岁,面色白皙,看上去文静柔弱,受过良好的教育。年轻人供认他是一位大学生,曾经万分崇拜拿破仑。

拿破仑问他:"你为什么要杀我?"

"因为你毁灭了我的国家。"年轻人答道。

"我伤害了你吗?"

"同对所有德国人的伤害一样。"

"是谁指使你来的?"

"没有谁。我的心告诉我,杀了你,我就为德意志和欧洲做了件好事。"

"在我的士兵中间杀死我,你打算怎样逃跑?"

"我知道我面临的是怎样的危险。我甚至吃惊自己现在还活着。"

看到这个年轻人如此镇定自若,拿破仑沉默片刻,目光再次回到年轻人的身上,问道:"如果我现在马上把你释放,你会去做什么呢?"

"我还会寻找机会干掉你。"年轻人回答。

拿破仑听了他的回答,自言自语地说:"这家伙肯定是个疯子!"

当天,拿破仑召见谈判大臣香巴尼,指示说:"我希望尽快有个结局。为了和平,我们就做点让步吧。"

第二天,香巴尼就带着和约的草案出席了皇帝的早朝。

10 月 27 日,年轻的日耳曼刺客被带上刑场,被执行枪决。

拿破仑被这件事情扰得心神不宁，他担心类似的事情会再次发生，因此，他匆匆离开美泉宫返回巴黎。临行前，他向卫兵询问那位刺客死时的情形，卫兵告诉他，在枪声响起的时候，年轻人还在高喊："自由万岁！杀死暴君！"

拿破仑听后，再次沉默不语。

阅读思考

① 1800 年 12 月 24 日，拿破仑在去歌剧院的途中遭遇爆炸，但他没有害怕，按原计划去观看表演。时隔 9 年，拿破仑再次遭遇袭击，却被这件事情扰得心神不宁，匆匆返回巴黎，你知道是为什么吗？

② 贝多芬曾热情支持拿破仑，并为他创作《献给拿破仑》，后来为什么愤然将其改名为《英雄交响曲》？

第十九章　最后的玫瑰

拿破仑一生虽与众多女子亲昵过，但除了约瑟芬之外，没有几个获得过他真正的爱情。

约瑟芬的不贞和背叛将拿破仑推向了别的女人。1804年，拿破仑在妹妹卡罗利娜的宫里遇到了一位专事读报的年轻姑娘，名叫伊利安诺。拿破仑被她绰约的风姿迷住了，很快让她成为了自己的情妇。不久，伊利安诺怀了孕，拿破仑十分高兴，专门为她租了一套公寓，她在公寓中为拿破仑生下了一个漂亮的男孩。

伊利安诺以为自己为皇帝生了儿子就可以提高地位，她未经拿破仑允许就擅自抱着儿子，来宫中见拿破仑。拿破仑见她不请自来，勃然大怒，当场令仆人告诉她，没有他的恩准，永远不许来见他。伊利安诺从此失去了拿破仑的宠信，孩子也转交给别人抚养。

1807 年，拿破仑在波兰华沙遇到了年仅 18 岁的拉辛斯卡夫人。她的丈夫是一位年逾花甲的波兰贵族。拿破仑在一次盛大的舞会上见到她,对她一见钟情,不顾她名花有主,对她穷追不舍。拉辛斯卡终于对拿破仑动了心,从此抛弃年迈的丈夫,随拿破仑走南闯北。1809 年对奥战争胜利后,拿破仑派人将拉辛斯卡接到美泉宫。在这里,她怀上了拿破仑的孩子。拿破仑把她送回巴黎,为她买了一所漂亮的宅院,几个月后,她生下了一个男孩。

尽管情妇为拿破仑生了两个儿子,但都不是名正言顺的。他那强大的帝国必须要有继承人。没有正式子嗣的事一直苦恼着他。他曾把弟弟路易的儿子过继给自己,可就在波兰战役其间,小王子夭亡了。拿破仑极其悲伤。小王子的夭亡坚定了拿破仑离婚的想法。约瑟芬也感觉到大祸临头,她一连三天闭门不出,哭得死去活来。

约瑟芬害怕的事终于发生了。1809 年 11 月 30 日,约瑟芬一如往常同拿破仑进餐。拿破仑双眉紧锁,一语不发。喝完咖啡后,拿破仑屏退左右,朝约瑟芬走去,他拉过约瑟芬的双手按在胸口上,说道:"约瑟芬,我亲爱的约瑟芬!你知道我爱过你!但是,我的命运高过我的意志,我最珍贵的爱情必须让给法国的利益。"

"别说了!"约瑟芬发疯似的大喊大叫,"我了解你,我早料到会有这么一天的!但这打击对我来说太大了……"约瑟芬昏了过去。

对拿破仑来说,与约瑟芬离婚并不是件轻松的事情,约瑟芬毕竟是他真心爱过的女人,尤其是结婚头几年,拿破仑对她付出了全部身心。

1809 年 12 月 15 日,在拿破仑宽敞的办公室里,无可奈何的约瑟芬当着拿破仑全家和全体大臣的面,用颤抖的声音宣读了放弃皇冠的声明书:“经我尊敬、亲爱的丈夫准诺,我谨声明,鉴于我失去了生儿育女的希望,难以适应其政治上的需要和法兰西的利益,我心甘情愿地以最坚定的方式表明……”约瑟芬声音哽咽,再也读不下去了,只得由皇室秘书替她读完后面的部分。

第二天,约瑟芬被勒令离开了杜伊勒里宫。拿破仑慷慨大方地把马尔梅松堡赐给她做避暑山庄,把爱丽舍宫赐给她作为巴黎的住宅。

不久,拿破仑召开大臣会议,商议挑选谁为新娘。大家一致认为,拿破仑现在是欧洲的主宰,他的新娘必须是一位大国的公主,只有这样的新娘才配得上他的身份和地位,也只有这样的新娘才能使他的帝国更加强大,基础更加巩固。

现在欧洲除了法兰西帝国,只有英国、俄国和奥地利还可以排在大国之列。拿破仑认为法国与英国不共戴天,双方不可能联姻;奥地利刚刚被他打得落花流水,暂时不考虑;俄国倒是一个很好的联姻对象,俄国不仅比奥地利强大,而且通过联姻还可以进一步加强俄法同盟。于是,法国驻俄国大使科兰古奉命正式向俄国求婚。

俄国宫廷极力反对这门婚事,沙皇亚历山大委婉地对科兰古说:他个人是非常希望看到妹妹安娜能成为拿破仑的妻子的，但是母后希望婚期能够推迟，因为安娜只有 16 岁，年纪太小。

拿破仑只得将目标转向奥地利。奥地利立刻同意将年轻的玛丽亚·路易莎公主嫁给拿破仑。奥地利想借助联姻的机会，成为法国的天然盟友，从而保全奥地利。

1810 年 3 月 11 日，18 岁的路易莎公主带着 83 辆马车组成的浩浩荡荡的车队，向法国大地滚滚驶去。一路上经过的法国附庸国，都以盛大的场面欢迎她，到处都让她感觉到她是欧洲主宰的妻子。她最初的恐惧心理逐渐被一种自豪感所代替。她没有见过拿破仑，不知道他到底是一个怎样的人。看到沿路的人们对自己的丈夫如此尊敬和顺从，她开始为自己能嫁给这样的丈夫而自豪。

4 月 2 日，拿破仑与路易莎在卢浮宫举行了隆重的婚礼。

路易莎皇后长着一头棕发，一对湛蓝的眼睛极富表情。她风华正茂，婀娜娇艳，充满了青春活力。拿破仑问她离开维也纳时，人们给她做了哪些交代，她答道："要我听您的话，万事都顺从您。"拿破仑对这个回答非常满意。年过四十的拿破仑对路易莎勃发出了一种真挚的恋情，他真心爱上了这个奥地利公主。

1811 年 3 月 20 日，路易莎为拿破仑产下了一个男婴，整个巴黎都沸腾起来了，人们纷纷走上街头，相互祝贺，热烈拥抱，"皇帝万岁"的欢呼声响彻云霄。

拿破仑更是激动万分，他眼里噙满幸福的泪水，一会儿亲吻孩子，一会儿拥抱妻子，仿佛他一手创建的法兰西帝国会因此永固下来。这个男婴被封为罗马王,罗马成为法兰西帝国的第二个首府。

阅读思考

① 拿破仑为什么选择奥地利的公主作为他的妻子?

② 奥地利国王为何会同意将路易莎公主嫁给拿破仑?

第二十章 莫斯科大火

自《提尔西特和约》签订以来，法俄两国皇帝虽然表面上友好亲热，但两人心里都明白，法俄两国的冲突最终不可避免。

欧洲还有两个国家不曾被拿破仑所束缚，即瑞典和土耳其。这两个国家也是俄国的近邻。拿破仑决定北联瑞典、南结土耳其，南北同时夹攻俄国，因此，他迫切希望能与这两个国家结盟。与此同时，俄国为了对付法国，也对这两个国家开展了积极的外交。

当时瑞典的实权掌握在王储贝尔纳多特手中。贝尔纳多特曾经是拿破仑手下的一名元帅，跟随拿破仑出生入死，后来成为法兰西的陆军部部长。他娶了拿破仑的初恋情人德西蕾小姐为妻，是拿破仑的哥哥约瑟夫的连襟。

贝尔纳多特曾在法国与瑞典进行的劳伦尼亚战役中善待瑞典战俘，因而深得人心。瑞典国王年老而又没有后代，便选择了贝尔纳多特作为王位继承人。一方面考虑到他是拿破仑的亲戚和元帅,可以因此寻求法国的保护,一方面因为他在瑞典人民心目中有良好影响。

1810年,贝尔纳多特加冕为瑞典国王。

贝尔纳多特对拿破仑深有了解,知道他一旦战败了俄国,欧洲的其他国家也在劫难逃。因此,他拒绝了拿破仑,而与俄国结为同盟。

1812年,土耳其也与俄国言归于好。

尽管拿破仑在争取瑞典与土耳其的外交中败给了俄皇亚历山大,但他并未因此丧失信心。他集结50万大军,向俄国进发,并自信地说:"再过3年,我就要成为全世界的主人了。"

1812年5月9日清晨6点,拿破仑离开巴黎,奔赴前线。6月22日,拿破仑到达立陶宛,对大军下达命令:

"前进吧,渡过涅曼河,把战争带到俄国的领土上去!我们从此将结束50年来俄国对欧洲事务指手画脚的历史!"

6月23日,拿破仑策马来到涅曼河边察看,选择渡河地点。经过一片麦地时,一只野兔突然从他的马蹄间蹿过,战马受惊,四蹄腾空,将拿破仑摔下马来。幸好土地松软,他并未跌伤。

由于大家对这次远征心里没底,因而变得十分迷信。参谋长贝尔蒂埃提议:"我们最好不要渡过涅曼河,刚才那一跤是个坏兆头。"

拿破仑神情严峻,默不作声。

第二天晚上,大军渡过了涅曼河。涅曼河这边死一般寂静,广阔无垠的大地上,一个人影也没有,展现在法军面前的是褐色的土地、枯萎的植物、遥远的地平线上的树林。眼前的情景令拿破仑非常不安,法军对敌人的动向简直一无所知。

不久,间谍送回情报,俄国三支大军已于三天前撤离。

拿破仑命令大军快速追赶。

从此,法军与俄军之间开展了马拉松式的追赶。法军每到一地,总是发现俄军刚刚撤离。连续18天,拿破仑天天焦急地等着各个军团的消息,问他们战斗进行得怎么样,俘虏了多少俄军,得到的回答总是:法军到现在还没有遇上俄军。

一天,拿破仑听到远方的轰鸣声,高兴得跳起来,以为法军终于遇上了俄军,但很快他就发现刚才的轰鸣其实是雷声。随即,一场暴雨倾盆而下,天地之间一片漆黑,不多时,周围一片汪洋,道路田野全被淹没,一万多士兵葬身于大水之中,大批物资也瞬间被洪水卷走了。

俄军有秩序地不断后退。法军不得不像猎人一样到处搜寻敌人的踪迹,可是无法知道敌人是从哪条道路上撤走的,因为每条道路上都有车辆经过的大量痕迹。法军如同一条在茫茫大海上失去罗盘的海船,毫无目标。

法军的情况越来越糟糕,士兵们被炎热的天气和艰苦的行军弄得疲惫不堪,马匹大量死亡,粮食供应严重不足。俄军把所到之处烧成一片废墟,不给法军留下一点东西。

一些勇敢的官兵们把部队的困境告诉拿破仑,庞大的军队远离后方基地长途行军,交通运输跟不上,部队补给极为缺乏,俄国荒原上恶劣的天气对法军也极为不利。他们希望让皇帝明白自己的处境。可是,拿破仑犹如输了钱的赌徒,总幻想明天就可以夺回今天失去的东西,他不仅没有让军队停下来,反而加快了部队行军的速度。每当俄军在某处稍微停息一下,他就想到决战,可是每次都让他失望。

9 月 5 日,法军到达距离莫斯科 120 公里的博罗迪诺。博罗迪诺是进入莫斯科的咽喉要道。俄军已经在三天前进入阵地。拿破仑终于等来了渴望已久的决战。

9 月 7 日,大战开始。阵地上炮火轰鸣,枪声大作。战斗的激烈程度超过以往任何一次。俄军以一比二的劣势兵力进行顽强的防守,大批士兵在炮火中倒下,可没有一个投降的。拿破仑十分恼怒,对贝尔蒂埃说:"这些俄国人宁愿像机械人一样战死,也不愿活着当俘虏,这对我军极为不利,这些要塞都要用炮火夷为平地。"

一天的激战终于结束,俄军最后退出了阵地,但法军的伤亡非常惨重。拿破仑的 47 位将军被打死或打伤,3 万名士兵献出了宝贵的生命。拿破仑清醒地意识到,博罗迪诺会战,法军表现出最大的勇气,却获得了最小的胜利。法军并未能给俄军以歼灭性的打击,战略任务还远未完成。

9 月 15 日,拿破仑进入莫斯科。在进城之前,他期待像以往攻占欧洲的任何一座城池一样,莫斯科的社会名流会组成一个代表团,到城门口迎接他,双手恭恭敬敬地递上莫斯科的钥匙。

可是,拿破仑在莫斯科护城河边等了两小时,依然不见代表团的身影。拿破仑等得不耐烦了。这时,先前进城的军官们跑来报告:莫斯科城一个社会名流也没有,甚至连一个长期住户也找不到,大街上几乎寂静无人,一片静谧,莫斯科是一座空城!

这个消息如同晴天霹雳,深深地震惊了拿破仑。下午,拿破仑前往克里姆林宫。路经莫斯科市市长罗斯托普钦的住宅时,看到一个指路牌上贴着一张布告,上面写着:

"8 年来,我建设了这块土地。在这儿,我同我的家人过着幸福的生活。在你们到来时,我的公寓里 1720 位房客正在离开这里。对我来说,我宁愿烧掉自己的房屋也不愿让你们玷污。法国人!在莫斯科,我放弃了两套公寓,连同家具,价值共计 50 万卢布,但你们看到的只能是灰烬。"

拿破仑把这些当作气急败坏的疯话,未予理睬。

晚上,拿破仑住在克里姆林宫沙皇亚历山大的房间里。8 点,卫兵报告说城郊突然蹿起火舌。到 10 点,城里的街区多处燃起大火。在强劲的北风吹动下,熊熊火焰照亮天际。

法军抓住了几个正在四处放火的俄国警察和农民,经过审问,他们供认是受莫斯科市市长罗斯托普钦之命,要在一夜之间烧毁全城。

9 月 17 日,西北风继续刮着,持续了一天一夜的烈火继续蔓延,火势有增无减。豪华的剧场和大型的建筑物都笼罩在火海之中。人们不知道这场大火要烧到什么时候,因为他们已经无法控制和征服它。火焰开始越过克里姆林宫的城墙,宫殿外侧的门已经燃烧起来,火星甚至溅到了拿破仑灰色的礼服上，烧焦了他的头发。拿破仑顾不得危险，和随从们穿过火海，逃往彼得罗夫宫。

面对狂怒的火海，拿破仑面色苍白，感叹道：“多么可怕的景象！竟然自己放火焚烧！多么大的决心！怎样的人啊！这是野蛮人！”

9月18日黄昏，下了一场雨，火势才开始减弱。

莫斯科大火烧毁了莫斯科城的四分之三，6000多幢房屋化为灰烬。这场大火让拿破仑了解到俄国人民在同法国人的斗争中，下了何等的决心。

冬天眼看就要来临了。拿破仑认为现在最后的出路是与亚历山大缔结和约，然后带着自己的大军体面地撤出俄国。他三番五次给亚历山大写信，又到处找人给亚历山大传话，想方设法把自己和平的愿望传达给沙皇。但沙皇始终沉默，对拿破仑的媾和建议不予理睬。

一些明智的军官劝拿破仑在冬季到来之前迅速撤出俄国，因为如果要在俄国过冬，士兵每人至少需要一张羊皮、一副皮毛手套、一顶有护耳的帽子、一双暖和的袜子和结实的靴子，这样士兵才能免于冻伤，马匹也需要钉上防滑铁，才能在冰天雪地里行走。但是拿破仑一意孤行，他认为严冬不会在24小时内突然降临，现在还没有过完秋天，在冬季到来之前，他们还有足够长的时间打败俄国人。

然而俄国的冬天比拿破仑想象的要到得早得多。10月13日，莫斯科降落了冬季的第一场大雪。10月18日，拿破仑不得不下令军队撤出莫斯科，但是为时已晚。这时地面上全结了冰,由于马匹没有事先钉上防滑铁,不仅无法行走,甚至无法站立。夜间,天气更加寒冷,许多拉车的马都被冻死了。

库图佐夫率领俄军开始在后面跟踪追击,哥萨克和农民游击队不时袭击夜间宿营的法军,让拿破仑防不胜防。

有一天夜晚,拿破仑差点落到了一群哥萨克人的手中。幸亏近卫军及时赶到,拿破仑才没有成为俘虏。这次遭遇让拿破仑心有余悸,他让军医给了他一瓶毒药,随时带在身上,以便在有被俘的危险时服用。

11 月底,法军终于逃到别列津纳河,12 月初到达了立陶宛的首都维尔纳。维尔纳是法军的避风港,也是这次撤退的终点站。

拿破仑带领 50 万大军从维尔纳出发,回来的不到 10 万人。远征俄罗斯,拿破仑损失了 40 万大军、1000 门大炮、17.5 万匹战马。然而拿破仑没有丝毫的自责,他像一位输了棋的大师一样冷静地分析自己征俄失败的原因,他认为自己失败并不是因为俄国的军队,而是俄国的冬天。他满怀信心地说:“不出三个月,我将东山再起!”

阅读思考

① 你认为拿破仑“再过三年,我就要成为全世界的主人了”这一愿望能实现吗?为什么?

② 拿破仑身上的哪些特质和赌徒类似?

第二十一章　厄尔巴岛的囚徒

在拿破仑远征俄国期间，巴黎发生了一场闹剧。一个名叫马莱的精神病人从精神病院逃出来，向巴黎市民和国会宣布拿破仑皇帝在俄国战死了。于是，许多人都信以为真，认为皇帝已经死了，国家马上又要宣布共和了。虽然这场闹剧持续的时间很短，马莱很快就被抓了起来，但当拿破仑回到维尔纳，得知这个消息时，还是让他心惊肉跳。他没有想到他的帝国竟然如此脆弱，只要轻轻一击就会垮掉。

他决定一刻也不在俄国久待，立即带领随从乔装打扮，乘坐雪橇秘密赶回巴黎。

经过 12 个昼夜的秘密旅行，拿破仑于 12 月 18 日到达杜伊勒里宫。此时巴黎笼罩在一片悲哀之中，人们已经从公报上得知法国远征俄国的结局，成千上万个家庭为失去亲人而痛苦不已。

拿破仑知道自己面临的形势非常严峻。他一回到巴黎，立即提前征召1814、1815年两级新军，很快又集结了30万生力军。

1813年3月，在英国的极力撮合下，由英国、俄国、普鲁士、瑞典、西班牙和葡萄牙又组成了反法联盟，准备进攻法国。

最初，奥地利想调停这场战争。因为无论是拿破仑获胜还是沙皇亚历山大获胜，对于欧洲其他国家都没有好处。

但是拿破仑不愿意做出任何让步，他对前来调停的奥地利大使梅特涅说："我知道你们的秘密！你们奥地利人想要整个意大利，俄国人想要波兰，普鲁士人想要萨克森，英国人想要比利时和荷兰……如果我今天让步，明天你们就会向我要求所有这一切。"在拿破仑看来，任何一点让步都会使他受到屈辱，他坦白地对梅特涅说："你们的君主生下来就占有王位，即使20次战败，仍可以回到自己的都城。我却不行，因为我是士兵出身的暴发户，一旦我不再强大，不再受人尊敬，我的统治就完了。因此，我需要荣誉，我不能以一个被侮辱者的姿态出现在我的人民面前。我必须永远是伟大的、光荣的、受到人民称赞的。"

梅特涅说："如果是这样的话，战争永远也不会结束，我刚才经过你的兵团，看到你的士兵都是一些儿童，你几次提前征兵，把一些尚未发育成熟的孩子征入队伍，当这一代被战争消灭了的时候，你是不是还要征召更年轻的人入伍呢？"

拿破仑勃然大怒，把自己的三角帽扔在地上，大声吼道："你不是军人，没有士兵的灵魂！而我有士兵的灵魂！我已经习惯于在必要的时候轻视自己和别人的生命。对我来说,20 万人算得了什么?就让战争爆发吧!”

梅特涅的调停毫无结果。他走出会谈大厅后,对贝尔蒂埃说:“我向您发誓,你的君主完全丧失了理智!”

7 月 20 日,奥地利也加入了联军,公开对法国宣战。

1813 年 10 月 16 日上午 9 点,联军方面发出三声号炮,史称“民族会战”的莱比锡大战开始了。联军从东西南北分成六路合围莱比锡,面对联军的优势兵力,法军被迫撤离。拿破仑直到这时才真正意识到他的大帝国已经岌岌可危。因为此时法国到处是一片渴望和平的呼声。一次又一次的征兵把几十万法国青年送上战场,变成白骨,无数个家庭因此失去了自己的亲人,老百姓开始大胆地表示对政府的不满。将军们也厌倦了戎马生活,他们虽然有大笔的财富,但从来没有时间去享受,他们生命中的大多数岁月是在枪林弹雨中度过的。

在欧洲的其他地方,更是危机四伏。约瑟夫已经被赶出了西班牙,法国在荷兰的地位也开始动摇了,拿破仑的亲妹夫、那不勒斯国王缪拉为了保住自己的王位,背叛拿破仑,投靠了联军。

1814 年 1 月,20 万联军最后跨过莱茵河,向巴黎挺进。拿破仑的处境更加危险。联军趁机提出和谈条件,要求法国退到大革命以前的边界里,但遭到了拿破仑的坚决拒绝。

1 月 24 日晚,拿破仑在杜伊勒里宫召见廷臣。拿破仑在皇后的陪同下,手牵着未满 3 岁的儿子罗马王,庄严地走到廷臣面前。他的身躯已经有些肥胖臃肿,苍白的脸上显露出忧郁烦躁的表情,颈部肌肉习惯性的抽搐比以前更加频繁了。

拿破仑向大家发表演讲:

“诸位先生,国民自卫队的各位军官,看到你们在我的周围,我很高兴。今晚我要出发前去指挥军队,我离开首都时,放心地留下我的妻子和寄托着各种希望的我的儿子给你们忠诚守卫,托付你们照料……”

他的声音虽然依然洪亮,但话语中充满了悲哀和无可奈何的情绪。他任命皇后路易莎为摄政王,并且宣布自己一旦死去,3 岁的儿子罗马王应该在母亲的摄政之下马上即位。

夜深了,罗马王被带去睡觉。凌晨 3 点,拿破仑走进罗马王的房间,站在熟睡的罗马王床前,长久地注视着他,然后蹑手蹑脚地离开,直接登上东去的马车。从此,他再也没有看到过自己的儿子。

1 月 29 日,拿破仑在布里埃纳迎战联军。布里埃纳镇的每一所房屋都变成了鏖战的战场。

随着黑夜来临,激战逐渐停止,法军占领了布里埃纳镇。第二天清晨,拿破仑踏着沾染着鲜血的瓦砾,巡视着这座惨遭战火摧毁的小城,思绪万千。35 年前,他在这座小镇的军校里度过了多梦的少年时光。经过自己不懈的奋斗,他曾处于荣耀的顶峰,成为整个欧洲的主宰,可如今,他几乎是一个众叛亲离的人,一个被击败的人……

保卫法兰西的战役进行得异常艰苦。拿破仑虽然用兵如神,但双方力量悬殊太大,仅仅靠他个人的军事天才已经

拿破仑与路易莎在卢浮宫举行了隆重的婚礼。

名家名言

我承认我很矮，但如果你由此而取笑我的话，我将砍下你的脑袋，消除这个差别。

名家名言

我成功，因为志在要成功，未尝踌躇。

无法逆转法兰西帝国灭亡的命运。

3 月 25 日，20 万联军浩浩荡荡直趋巴黎。马尔蒙将军和莫蒂埃将军带领薄弱的军队奋力抵抗，终于无济于事。而此时拿破仑本人正像一头雄狮一样，在巴黎外围横冲直撞，打击联军。

3 月 29 日，路易莎皇后带着罗马王逃离巴黎。3 月 30 日，巴黎守军终因寡不敌众，宣布投降。

拿破仑想回救巴黎，已经来不及了，他晚到了 4 小时。

拿破仑听到消息，发疯似的狂吼："多么卑鄙啊！竟然投降了！晚了 4 小时啊！要是我早到 4 小时，一切都可以得救！"

狂怒之后，他立刻恢复镇定，命令科兰古前去与联军议和，以便拖延时间，调集军队，反攻巴黎。

联军进入巴黎，保王党人欢天喜地，他们在大街上游行，不断高呼："打倒拿破仑！"

亚历山大皇帝代表联军发表申明，保证法兰西在合法君主政体下的领土完整，他们敦促法兰西参议院尽快任命一个临时政府处理国家事务。4 月 2 日，参议院发布一项法令，宣布拿破仑已经丧失帝位，并废除过去确立的拿破仑家族的继承权。以塔列朗为首的临时政府立即根据这项法令发表告法国军队书，通知所有部队，他们不再是拿破仑的士兵，参议院已经解除了他们对拿破仑的誓词。

然而联军拒绝了拿破仑议和的要求，他们对科兰古说：法国已经被拿破仑弄得筋疲力尽，现在已经不需要他了。18

年来,拿破仑已经把整个世界都搞翻了,只要有他在,任何人在任何时候都不得安宁。

4 月 4 日,拿破仑在巴黎郊区的枫丹白露宫检阅他的军队,发表动员演说:

“士兵们,敌人占领了巴黎,我们必须赶走他们!我们发誓,要么战胜,要么死去!我们将誓死保卫我们的国旗!20 年来,这面旗帜始终指引我们阔步走在光荣辉煌的大道上!”

士兵们群情激昂,“巴黎!巴黎”的喊声此起彼伏,震撼大地。

元帅们对拿破仑的这一决定忧心忡忡。他们认为用这样一支小部队去攻击庞大的联军,无异于以卵击石。另外,他们的妻儿老小都留在巴黎。皇帝的这一举动会让巴黎毁灭,居民死亡。

于是,元帅们派麦克唐纳将军为代表,请求皇帝放弃进攻巴黎的决定。

麦克唐纳走进枫丹白露宫,对拿破仑说:

“看来,您还不知道巴黎发生了什么事吧。”他掏出参议院关于废黜皇帝的信给拿破仑,拿破仑看罢,脸色苍白,面部肌肉急剧抽动。他愤怒已极,发誓一定要进军巴黎,把一切重新夺回来。

麦克唐纳冷静地告诉他:“陛下,您必须放弃这个计划,谁也不会再拔剑来支持您了。”

拿破仑沉默不语。过了一会儿,他终于说:“好吧,我同意退位……”

拿破仑最初梦想自己退位后,能让儿子罗马王继位,法兰西采取摄政政体。但是联军没有同意。他们认为应该把王位还给波旁王朝,让路易十八正式登基。

4 月 11 日,麦克唐纳带着联盟各国的条约定本来到枫丹白露宫,让拿破仑签字。这就是著名的《枫丹白露宫条约》。条约规定:拿破仑皇帝放弃对法兰西帝国、意大利王国和其他国家的一切主权和统治权;拿破仑终身保留皇帝的称号,拿破仑家族成员保留亲王的称号;拿破仑皇帝拥有厄尔巴岛的完全主权和所有权,并付给他 200 万法郎的年薪……

拿破仑接过条约读了一遍,马上就签了字。为了酬报麦克唐纳最后的效劳,拿破仑送给他一把从埃及带回的马刀。然后,两人紧紧拥抱,含泪告别。

麦克唐纳走后,拿破仑拿出在征俄战争中军医为他准备的那瓶毒药,一饮而尽。

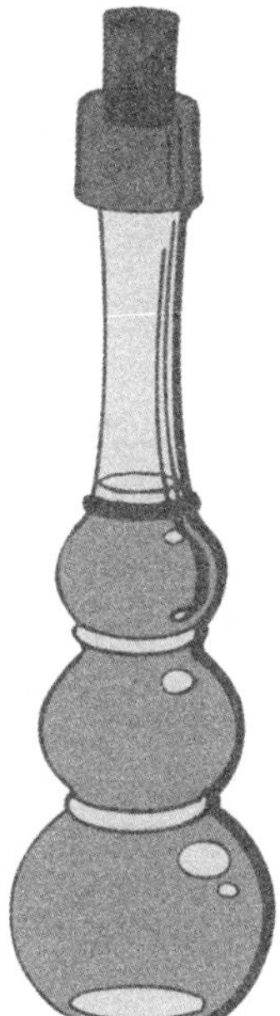

毒性发作,拿破仑痛苦万分。但他拒绝服用任何解毒剂,并且请求医生再给他一点毒药。医生当然没有给他。痛苦持续了几小时,但因毒性不强,拿破仑自杀未能成功。他在痛苦中说道:“要死去是多么困难啊!而在战场上死去又是多么容易!为什么我没有在战场上被打死呢!”

1814 年 4 月 20 日,拿破仑在枫丹白露宫和追随他十多年的近卫军举行告别仪式,5 月 4 日,到达厄尔巴岛。

厄尔巴岛位于科西嘉东面50公里的海上,接临意大利半岛,面积大约220平方公里,岛上只有三个小城和几千名居民。拿破仑,这个曾经是欧洲最强大帝国的皇帝,如今却成了这个最小的领地的统治者。他被允许保留400人的武装卫士,另外还有大约700名老近卫队队员自愿来到岛上保卫拿破仑。

岛上的居民怀着崇敬的心情欢迎这个新来的统治者,拿破仑也以极大的热情来治理这个微型的国家。他成立了一个参议院,自己当主席,讨论岛上的一切重要事情。他修建道路,开发矿山,奖励农业,发展教育……

在厄尔巴岛的头几个月里,拿破仑全神贯注地治理这个微型的国家。在外人看来,拿破仑似乎已经十分安心于岛上的生活了。人们万万没有想到,这个被囚禁在岛上的失败者,不久之后竟然又创造了令整个欧洲为之震惊的奇迹。

阅读思考

① 一个精神病人向巴黎市民和国会宣布拿破仑在俄国战死了,为何许多人信以为真?

② 你认为拿破仑为何会同意退位?

第二十二章　兵败滑铁卢

拿破仑退位以后，路易十八归国即位，这个身躯硕大、胖得连走路都要靠两根拐杖支撑的国王蹒跚步入杜伊勒里宫，波旁王朝复辟了。

路易十八执政以后，对革命党人进行疯狂的报复，将无能的贵族安排在高官显位上，压迫百姓。波旁王朝开始不得人心，人们开始怀念拿破仑时代的日子。欧洲的反法联盟之间，也因战利品的分配不均而争吵不休，剑拔弩张。

国际国内形势的变化没有逃过拿破仑敏锐的眼睛，他感到时机已经成熟，决定开始行动。

拿破仑被放逐到厄尔巴岛后不久，约瑟芬因病在巴黎去世。拿破仑多次写信给路易莎皇后，让她带罗马王来看他，但皇后一次也没有来过。倒是拉辛斯卡夫人来看望过拿破仑，让他感到了些许的温暖。

但是母亲没有抛弃他，母亲拉蒂齐娅毅然来到岛上，陪伴儿子。

在行动开始之前,拿破仑把决定告诉了母亲:“我不能就这样死在这个岛上,我希望再一次出发,去获取我的幸福和荣耀。也许我会成功,也许会死去,但总比困在这个小岛上要好得多!”

母亲沉默了一会儿,最后说:“出发吧,我的儿子,遵循你的使命。希望上帝能再次保佑你!”

一切准备工作都在秘密进行。1815 年 2 月 26 日夜晚,拿破仑率领 1000 多名全副武装的士兵,分乘 7 艘小帆船,载着几门大炮,悄无声息地离开厄尔巴岛,开始再度征服法国。

3 月 1 日凌晨 3 点,船队在儒昂港登陆,拿破仑向当地士兵发表演说:

“士兵们,我在流放中听到了你们的呼唤,现在我回来了!让我们团结起来,快步前进吧!你们将成为国家的救星!荣誉归于勇敢的士兵们!归于我们的祖国法兰西!……”

士兵们向拿破仑热烈欢呼,很快加入了拿破仑的行列。

拿破仑率领队伍沿阿尔卑斯山山脚地带向北挺进,每经过一个城镇,就向市民和士兵发表演说,告诉大家他唯一的使命就是恢复法国的秩序,给大家一个适合民情的宪法,给大家和平、安宁和自由。于是,各地驻军都投向拿破仑的怀抱,他的队伍像滚雪球一样,越滚越大。

3 月 19 日,拿破仑带领前锋进入枫丹白露宫,路易十八逃之夭夭。

3 月 20 日，拿破仑在随员和骑兵的前呼后拥下进入巴黎。这一次，拿破仑未费一枪一弹，再次成为杜伊勒里宫的主人。

拿破仑在巴黎的出现，震惊了整个欧洲。同盟国之间立即放弃争吵，又一次联合起来。3 月 13 日，8 个同盟国公布了一项联合声明：

“波拿巴违反了确定他定居厄尔巴岛的协议，破坏了给他保留的唯一合法的称号，使自己置于法律的保护之外……同他既不能讲和平，也不能休战。”各同盟国表示将运用他们所有的资源同拿破仑作战。

5 天之后，奥、英、普、俄四国同意各出兵 15 万人共同去对付这个从厄尔巴岛潜回的篡权者。3 月 25 日，新的反法同盟正式成立，他们决心彻底打败这个科西嘉怪物。

战争已不可避免。拿破仑虽然在短期内征召了 20 万大军，但他缺乏高级将领。麦克唐纳、马尔蒙、奥热罗等身经百战的将军已宣誓效忠路易十八，他们没有回到拿破仑的麾下，曾跟随拿破仑出生入死的总参谋长贝尔蒂埃已离开法国，退居普鲁士，缪拉早已背叛拿破仑……

不仅高级将官缺乏，而且武器、装备、马匹也严重不足。

8 个同盟国组成的 70 万反法联军分成 5 路，以铺天盖地之势向法国压来。最后的决战发生在 6 月 18 日，地点是巴黎近郊的滑铁卢。在这场会战中，法军死伤 25000 人，被俘 8000 人。经过一天一夜的激战，绿色的滑铁卢平原变成了血的海洋，6 万多具尸体横陈在战场上。战争以法国军队的彻底失败而告终。

6月21日,拿破仑回到巴黎,这时议会和元老院已经背叛了拿破仑,他们宣布国家处于危险之中,拿破仑必须退位方能保证国家的安全与和平。6月22日,拿破仑服从了议会的决议,再次退位。

拿破仑东山再起后建立的百日政权由此告终。路易十八重新掌权。

被剥夺了皇位的拿破仑曾幻想从此以后可以当一个科学家,进行环绕地球的旅行,沿途考察各地的动植物,将来以一个科学家的荣誉名垂青史。但是,拿破仑并非每次都能梦想成真。在与拿破仑的多次较量中,拿破仑的坚强意志与巨大能量让英国政府害怕,现在尽管拿破仑是孤身一人,他的存在依然让英国政府觉得是个威胁。他们拒绝了拿破仑的请求,决定把他流放到圣赫勒拿岛,永远囚禁起来。

经过67天的海上航行,1815年10月15日,拿破仑到达了这个南太平洋中荒凉的孤岛。

仿佛冥冥之中一切都有天定,拿破仑22岁的时候,曾经在地图上看到过这个小岛,并且把它记在笔记本上。那时候他怎么能想到,这儿竟会是自己最终的归宿。

一个习惯于指挥千军万马驰骋疆场的人,突然之间被囚禁在这个远离大陆和世人的荒岛

上,其精神上的痛苦和折磨可想而知。他的健康每况愈下。他频繁地发烧、呕吐,胃部剧烈疼痛。为了打发孤寂的时光,他大量读书,口述自己的历史。

拿破仑说:“我最大的敌人是我自己。我想要的太多了,我把弓拉得太满了,我太相信自己的运气了。”

在回顾自己的一生的时候,拿破仑认为:“我真正的光荣并非打了四十次胜仗,滑铁卢之战抹去了关于这一切的记忆。但是有一样东西是不会被人忘却的,它将永垂不朽,那就是我的民法典。”

拿破仑在征战欧洲的同时,也建设和推动着欧洲的文明与进步。《拿破仑法典》是世界上第一部完备的民法典,其中确定的“私有财产神圣不可侵犯”、“契约自由”、“法律面前人人平等”等原则,一直是现代民法的基本原则。

在拿破仑去世的前两周,拿破仑意识到自己所剩的日子不多了,他口述并誊写了自己的遗嘱。他希望死后能够回到法国,安葬在他的人民中间。他从自己所留下的两亿法郎遗产中拿出2000万法郎,分给他能想起的97个对他有恩的人。这些人中有奶妈,保姆,马官,也有贵族。拿破仑说:“凡是我能想起的对我有恩的人,都应该得到这些钱,因为没有他们的帮助,我走不到后来。”其他1.8亿法郎分成两份,9000万分给以前跟随他打仗的还活着的人,9000万分给曾被他的战火涂炭过的地区的人民。他给自己的三个儿子和亲友只留下了自己的头发和名字。

因为拿破仑的胃一直剧痛,因此他怀疑自己得的是和他父亲夏尔一样的病——胃癌。他嘱咐医生在他死后将他的遗体解剖,并与他的父亲夏尔的病理报告对比,看看是不是自己得了与父亲一样的病。“如果是这样,就请一定要告诉我的儿子们,让他们注意身体健康,尽早防治,千万不要让他们将来也罹患和我一样痛苦的疾病。”拳拳爱子之心,至死不渝。

1821 年 5 月 4 日夜,拿破仑不停地呻吟,异常痛苦。在昏迷中,他喃喃自语:“谁在后退……将领们……冲锋啊……”

这天夜里,海岛上掀起了最猛烈的风暴,狂风拔起大树,刮走小屋,拿破仑居住的朗伍德别墅在风暴中摇晃。

第二天,当晨光照亮狭小的房间时,风暴平息了,拿破仑已僵硬得如同一座横卧的雕像,眼角边还挂着一颗泪珠。但他还有一息尚存,直到下午 5 点 50 分,拿破仑才最终停止呼吸。

4 天后,岛上的人和拿破仑有限的几个随从为他举行了葬礼,他被埋葬在岛上托贝特山泉旁。

19 年后,拿破仑的遗骨被军舰从圣赫勒拿岛接回巴黎,安葬在巴黎荣军院。他终于回到了他所热爱的法国,以一个老兵的身份永远安息在塞纳河畔。

阅读思考

① 你怎样理解拿破仑说“我最大的敌人是我自己。我想要的太多了,我把弓拉得太满了,我太相信自己的运气了”?

② 读完本书,你对拿破仑有什么认识?

附录　拿破仑年谱

1769 年　生于科西嘉阿雅克修。

1778 年　离开故乡前往法国。

1779 年　进奥顿中学。进布里埃纳军事学校。

1784 年　进巴黎军官学校。

1785 年　丧父。被任命为瓦朗斯拉费尔炮兵团炮兵少尉。离开巴黎前往瓦朗斯。

1786 年　返回科西嘉。

1787 年　由科西嘉回到巴黎。

1788 年　返回科西嘉。到奥松服役。

1789 年　巴黎人民攻克巴士底狱,法国大革命开始。返回科西嘉。

1791 年　从科西嘉前往法国。升任中尉。任瓦朗斯炮兵四团军官。返回科西嘉。

1792 年　被选为阿雅克修国民自卫军中校。前往巴黎。

返回科西嘉。

1793 年　参加马达莱纳岛远征。与保利决裂。全家从科西嘉前往土伦。接任围攻土伦的炮兵指挥。升任少校。土伦战役。升任准将。

1794 年　接任意大利军团炮兵指挥。以叛国罪嫌被捕。后被无罪释放。

1795 年　因拒绝接受步兵职务而退职,闲居巴黎。在救国委员会地形测绘局任职。发起镇压保王党战役。升任少将,担任法国内防军司令。

1796 年　任意大利军团总司令。与约瑟芬·博阿尔内结婚。正式接管意大利军团。在蒙特诺特击败奥军。在米莱齐莫击败撒军。在代戈击败奥军。在芒多维击败撒军。在凯拉斯科同撒丁王国签订停战协定。在洛迪击溃奥军。进入米兰。在洛纳托击败奥军。在斯蒂维耶雷击败奥军。在罗韦雷托击败奥军。在阿尔科拉击败奥军。

1797 年　在利沃里击败奥军。在累欧本同奥地利签订和约初步条款。签订《坎波福米奥和约》。返回巴黎。

1798 年　被任命为东方远征军总司令。离开土伦,远征埃及。占领马耳他。在亚历山大港登陆。金字塔大战。占领开罗。法国舰队在阿布基尔湾被歼。开始远征叙利亚。攻克雅法。围攻阿克尔城失败。退回开罗。在阿布基尔歼灭土耳其军队。把军队交给克莱贝尔，率亲信冒险回法国。在弗雷居斯登陆。发动雾月政变，建立执政府。被选为第一执政。

1800 年　离开巴黎，往前线指挥第二次意大利战役。率预备军团越过阿尔卑斯大圣伯纳德山口。芒提贝洛之战。马伦哥会战。法奥两国签订和平草约。法奥之间战争再起。莫罗在霍恩林登击败奥军。圣尼凯斯街谋杀拿破仑事件。

1801 年　同奥地利签订《吕内维尔和约》。同那不勒斯缔结《佛罗伦萨和约》。在布伦建立侵英基地。同罗马教皇签订政教协议。同英国签订伦敦和约初步条款。同俄国签订协议。

1802 年　英法签订《亚眠和约》。被任命为终身执政。

1803 年　命令成立两只侵英舰队。废除《亚眠和约》。英国向法宣战。

1804 年　王党分子暗杀拿破仑阴谋失败。枪杀当甘公爵。颁布《拿破仑法典》。元老院宣布拿破仑为皇帝。晋封 18 位将军为帝国元帅。巴黎圣母院加冕。

1805 年　英俄缔结同盟。加冕为意大利国王。兼并热那亚。任命欧仁·德·博阿尔内为意大利副王。在布伦军营准备横渡英吉利海峡。奥、英、俄结成第三次反法同盟。布伦军营解散，帝国大军开往中欧。帝国大军越过莱茵河。乌尔姆战役,拿破仑大胜。英舰队在特拉法加大海战歼灭法舰队。进入维也纳。奥斯特里茨战役,这是拿破仑军事生涯中最辉煌的一天。签订《普莱斯堡和约》。

1806 年　封约瑟夫·波拿巴为那不勒斯国王。封路易·波拿巴为荷兰国王。任莱茵同盟保护人。德意志民族神圣罗马帝国解散。普鲁士向拿破仑发出最后通牒。法军侵入普鲁士和萨克森。耶拿战役及奥尔斯塔特会战。进入柏林。颁布柏林敕令,宣布对英国实行大陆封锁。进入华沙。

1807 年　艾劳会战。在弗里德兰战役击败俄军。和沙皇亚历山大一世在提尔西特会晤。法、俄、普三国签订和约。封热罗姆·波拿巴为威斯特法利亚国王。与西班牙国王签订密约。朱诺率军占领里斯本。

1808 年　缪拉进入马德里。立约瑟夫·波拿巴为西班牙国王,缪拉为那不勒斯国王。杜邦在拜兰向西班牙游击队投降。威灵顿率英军在葡萄牙登陆。和沙皇亚历山大一世在爱尔福特会晤。去西班牙督战。进入马德里。

1809 年　离开西班牙回巴黎。奥军进入巴伐利亚。进入维也纳。埃斯林会战。瓦格拉姆战役。软禁罗马教皇。法奥两国签订《肖恩布鲁恩和约》。宣布与约瑟芬离婚。

1810年 同奥地利公主玛丽·路易丝结婚。宣布荷兰并入法国。贝尔纳多特元帅被立为瑞典王储。

1811年 其子罗马王波拿巴(拿破仑二世)诞生。开始准备征俄战争。

1812年 法普两国缔结同盟。法奥两国缔结同盟。沙皇以最后通牒要求法军退出普鲁士。向俄国宣战。法军越过涅曼河。进入维尔纳。威灵顿在西班牙击败马尔蒙。进入斯摩棱斯克。博罗迪诺战役。进入莫斯科。撤出莫斯科。巴黎发生马莱政变。法军渡过别列津纳河。离开大军回国。法军渡过涅曼河。抵达巴黎。

1813年 普鲁士对法国宣战。吕岑会战。包岑会战。与联军签订停战协定。威灵顿在西班牙维多利亚击败法军。布拉格会议。奥地利向法国宣战。战端再起。德累斯顿战役,法军胜利。比锡战役,拿破仑失利。从莱比锡退到梅因兹。

1814年 那不勒斯国王缪拉与奥国单独媾和。离开巴黎前往夏龙指挥军队。在圣迪埃击败普将约克。在布里埃纳打败布吕歇尔。在尚波贝尔全歼奥尔苏费耶夫的俄国师。在蒙米赖击败萨肯军。在沃尚击败布吕歇尔军。在蒙特罗击败施瓦岑贝格军。反法联军进入巴黎。元老院宣布拿破仑退位。拿破仑宣布退位。签订《枫丹白露条约》。在枫丹白露告别近卫军。路易十八宣布即位。路易十八进入巴黎。拿破仑抵达厄尔巴岛。前妻约瑟芬去世。第一次巴黎和约。维也纳会议召开。

1815 年 逃离厄尔巴岛。在儒昂港登陆。进入巴黎,开始百日统治。威灵顿从维也纳到布鲁塞尔。颁布帝国宪法补充条款。离开巴黎前往比利时前线。林尼战役。滑铁卢战役。返回巴黎。第二次退位。反法联军进入巴黎。路易十八第二次即位。拿破仑到达圣赫勒拿岛。第二次巴黎和约,成立四国同盟。

1821 年 在圣赫勒拿岛因砒霜中毒而死。

1840 年 遗体运回巴黎并按其遗嘱葬于塞纳河畔。